JN411954

할례, 피, 언약으로
읽는 구속의 메시지

성경의 대서사

성경의 대서사

할례, 피, 언약으로 읽는 구속의 메시지

초판 1쇄 발행 2026년 2월 18일

지은이 한국에흐예언약학회
펴낸이 장길수
펴낸곳 지식과감성#
출판등록 제2012-000081호

교정 김지원
디자인 강샛별, 이호진
편집 강샛별
검수 한장희, 정윤솔
마케팅 김윤길

주소 서울시 금천구 벚꽃로298 대륭포스트타워6차 1212호
전화 070-4651-3730~4
팩스 070-4325-7006
이메일 ksbookup@naver.com
홈페이지 www.knsbookup.com

ISBN 979-11-392-3082-6(03230)
값 18,000원

할례, 피, 언약으로
읽는 구속의 메시지

성경의 대서사

한국에흐예언약학회

지식과감성#

목차

† 2권 피로 보는 성경의 산맥과 초점

서문

2부
새 언약으로 보는 성경

† 3권 하나님이 구원의 길을 스스로 열어가시는, 에흐예 언약의 흐름

서문

† 4권 에흐예 언약, 24장으로 읽는 메시지 성경

서문

3부
한국에흐예언약학회의 "새언약 삼위일체 신학"

† 5권 삼위 하나님이 이루신 에흐예 구원 언약

서문

에필로그

학회장 서언

새 언약으로 신앙을 개혁하라

새 언약은 삼위 하나님께서 자신의 뜻과 능력으로 계획하시고 실행하신 자존적 구속 언약이며, 십자가의 피로 마음의 할례가 이루어졌는지 그 마음을 살피신다.

그렇다면 우리의 마음 안에 십자가의 피가 새겨져 있는가.
그 피가 죄를 깨닫게 하고 회개하게 하는가.
그 피가 성령의 교통 안에서 새 생명을 낳게 하는가.
하나님의 사랑과 은혜를 알고 기도로 교통하고 있는가.
이것이 바로 하나님이 새 언약으로 주시는 대속의 핵심이다.

오늘날 많은 교회는 "구원을 확신하라"라고 말한다. 그러나 그 확신의 근거는 종종 감정적인 신앙 고백에 머물러 있다. "예수 믿습니다"라는 입술의 고백만으로는 마음의 변화 없이 구원을 보장할 수 없다. 예수님은 분명히 말씀하셨다.

> "나더러 주여 주여 하는 자마다 다 천국에 들어갈 것이 아니요 다만 하늘에 계신 내 아버지의 뜻대로 행하는 자라야 들어가리라"
> (마 7:21)

믿음은 말이 아니라 삶으로 증명되는 언약의 관계다. 그 중심에는 십자가의 피가 있으며, 그 피가 내 마음을 찢고 들어올 때 비로소 구원은 시작된다.

교회에 다닌다고 구원받는 것은 아니다. 예배와 봉사, 직분과 헌신이 신앙의 표시일 수는 있으나, 그것이 구원의 표는 아니다. 하나님이 찾으시는 것은 예배의 자리가 아니라 예배자의 마음이다. 그 마음에 예수의 피가 새겨졌는가, 그 피로 죄가 드러나고 회개가 일어났는가, 그가 성령 안에서 변화되고 있는가. 이것이 구원의 기준이다.

교회의 책임은 성도를 교회에 머물게 하는 것이 아니라 제자로 세우는 것이다. 교회는 구원의 종착지가 아니라, 구원의 여정을 걷게 하는 훈련의 집이어야 한다.

하나님은 아브라함에게 육체의 할례를 명하셨다. 그러나 그 뜻은 마음의 할례를 가리키는 그림자였다.

> "그러므로 너희는 마음에 할례를 행하고 다시는 목을 곧게 하지 말라" (신 10:16)

구약의 할례는 살을 베는 표였으나, 새 언약의 할례는 마음을 찢는 표다. 그리스도의 피가 내 마음에 새겨질 때, 그 피가 내 양심을 흔들고 죄를 자각하게 하며 하나님의 뜻 앞에 눈물로 서게 한다. 이때 성령은 그 마음 위에 임하신다.

> "성령이 친히 우리의 영과 더불어 우리가 하나님의 자녀인 것을 증언하시나니" (롬 8:16)

마음의 할례가 곧 구원의 표적이며, 십자가의 피가 새겨진 사람만이 참된 믿음의 증거를 가진다.

> "나의 법을 그들의 속에 두며 그들의 마음에 기록하여 나는 그들의 하나님이 되고 그들은 내 백성이 될 것이라" (렘 31:33)

이 한 구절이 성경 전체를 꿰뚫는다. 하나님은 율법을 돌판에 새기셨으나, 인간은 그 돌판을 깨뜨렸다. 그래서 하나님은 돌판이 아닌 마음판에 새 율법을 기록하신다. 이것이 새 언약이다. 새 언약은 인간의 행위가 아니라 성령이 마음에 기록하시는 법이다. 그 법은 십자가 계명을 통한 사랑으로 하나님이 먼저 성취하셨다. 우리는 그 사랑에 응답하는 쉬지 않는 기도로 하나님을 사랑하는 쌍방향의 교제가 이루어져야 한다.

하나님은 교회를 통해 세상을 구원하신다. 그러나 교회가 세상을 닮을 때, 그 구원의 문은 닫힌다. 교회는 사람을 모으는 곳이 아니라 제자를 세우는 곳이다. 예수님의 지상명령은 "모이라"가 아니라 "가서 제자 삼으라"였다.

교회의 사명은 세상의 부흥을 닮는 것이 아니라, 하나님의 마음을 회복하는 것이다. 그 중심에 십자가의 피와 마음의 할례가 있을 때, 교회는 다시 하나님의 집이 된다.

구원의 표는 눈에 보이지 않는다. 그것은 마음에 새겨진 그리스도의 피의 흔적, 곧 예수의 보혈이 새겨진 자리다.

> "육체의 생명은 피에 있음이라 내가 이 피를 너희에게 주어 제단에 뿌려 너희의 생명을 위하여 속죄하게 하였나니 생명이 피에 있으므로 피가 죄를 속하느니라" (레 17:11)

십자가의 피는 단지 대속의 피가 아니라 사랑의 피이며 회개의 피다. 그 피가 내 마음을 찢을 때, 나는 죄를 미워하게 되고, 자기를 부인하게 되며, 하나님의 뜻을 따르는 새사람이 된다.

> "내가 그리스도와 함께 십자가에 못 박혔나니 이제는 내가 사는 것이 아니요 오직 내 안에 그리스도께서 사시는 것이라" (갈 2:20)

이 고백이 피의 할례를 받은 자의 표적이다.

하나님은 지금 이 시대의 교회를 향해 말씀하신다.

"너희는 옷을 찢지 말고 마음을 찢고 너희 하나님 여호와께로 돌아올 지어다" (욜 2:13)

교회의 회복은 마음의 회복에서 시작된다. 하나님은 겉모양의 예배보다 피의 흔적이 있는 예배, 눈물의 기도, 회개의 영혼을 기뻐하신다. 새 언약 십자가는 피로 쓰시고 우리의 마음에 기록하시는 십자가 계명이다. 겉신앙을 넘어 속신앙으로, 형식을 넘어 생명으로 나아가야 한다. 이것이 새 언약 신앙의 개혁이며, 하나님이 이 시대 교회에 주신 부르심이다.

"보라 내가 만물을 새롭게 하노라." (계 21:5)

교회는 다시 새로워져야 한다. 신앙은 마음의 할례로 응답되어야 한다. 그 중심에는 언제나 예수 그리스도의 피와 마음의 할례가 있는 그리스도의 교회로 세워가야 할 것이다.

한국에흐예언약학회 학회장 신영광 목사

대표저자 서언

신앙개혁은 십자가 마음의 할례로

교회의 개혁은 언제나 하나님의 마음을 다시 찾는 일에서 시작된다. 16세기, 타락한 교회의 중심에서 마르틴 루터는 로마서의 말씀 앞에 무릎을 꿇었다.

"의인은 믿음으로 말미암아 살리라." 이 한 구절이 마르틴 루터를 무너뜨렸고, 동시에 교회의 역사를 새롭게 세웠다. 그는 인간의 행위로 구원받을 수 없음을 깨달았고, 오직 예수를 믿는 믿음으로만 구원에 이를 수 있다는 복음을 외쳤다. 그가 회복한 것은 제도가 아니라 믿음의 본질이었다. 그러나 루터의 개혁은 시작이었을 뿐 완성은 아니었다. 믿음은 회복되었으나, 그 믿음이 만들어내는 내면의 거룩함은 여전히 설명되지 못했다. 믿음이 구원의 문을 열었지만, 마음의 변화는 여전히 닫혀 있었다.

그 뒤를 이은 프랑스의 신학자 장 칼뱅은 하나님 아버지의 주권을 다시 세웠다. 그는 로마서의 말씀을 통해 구원이 인간의 의지가 아니라 하나님의 예정 안에서 이루어진다는 것을 깨달았다. 하나님은 미리 아시고 부르신 자를 영화롭게 하신다. 칼뱅은 그 신비를 통하여 하나님의 절대 주권을 강조했으나, 시간이 흐르며 그 교리는 사람의 책임을 약화시키는 신앙으로 변질되었다.

은혜는 여전히 위대했지만, 회개는 가벼워졌고, 믿음은 인간의 안도감으로 바뀌어 버렸다. 구원의 확신이 방종으로, 은혜가 교만으로, 교회는 다시 세속으로 기울었다.

18세기, 영국의 존 웨슬리는 그러한 시대를 향해 성령의 불을 외쳤다. 그는 오랜 신학적 고민 끝에 1738년 5월 24일 밤, 런던 올더스게이트 거리의 작은 모임에서 루터의 로마서 주석을 듣던 중 마음이 뜨거워지는 체험을 했다. 그의 마음을 붙든 것은 교리의 설명이 아니라 성령의 임재였다.

그는 깨달았다. 믿음은 단순한 인식이 아니라 성령의 증거로 완성된다는 것을. 그때부터 웨슬리는 성령의 거룩과 내적 증거를 강조하며 성화의 신학을 세웠다. 그러나 세월이 지나자, 그 불은 다시 감정적 체험으로만 남았다. 마음의 변화는 체험의 순간에 그쳤고, 성결은 일시적 감동으로 희미해졌다.

이 세 인물, 루터와 칼뱅과 웨슬리가 세운 신학은 개신교의 세 기둥이었다. 그러나 그들은 각각 시대의 빛이었으되, 하나님의 구원 경륜 안에서 서로 이어지지 못한 미완의 삼각형이었다. 믿음은 회복되었고, 예정은 선포되었으며, 성령은 증거되었으나, 세 신학은 한 언약의 구조 속에서 만나지 못했다.

그래서 교회는 구원을 말하지만, 구원의 깊이를 잃어버렸고, 은혜를 외치지만, 그 은혜가 내면의 거룩으로 이어지지 못했다. 구원의 문은 열렸으나, 그 문 안으로 들어온 사람의 마음은 여전히 자신을 위하고 있었다. 구원을 확신하라는 믿음은 교회에 울리지만 구원을 이루는 완성은 아니다.

하나님은 다시 신앙개혁의 새 언약 십자가 마음으로 말씀하신다. "내 법을 그들의 마음에 기록하리라." 그것은 돌판의 율법이 아니라, 사랑의 법이다. 구약에서 하나님은 이미 그 언약을 약속하셨다.

성부 하나님은 타락한 인류를 위해 마음의 할례를 계획하셨고, 그 계획 속에 십자가를 두셨다. 그분의 목적은 인간의 외적 순종이 아니라, 마음 안에 새겨질 사랑이었다. 하나님은 율법으로 인간을 묶으려 하지 않으시고, 사랑으로 인간을 변화시키려 하셨다. 이것이 성부의 구원 계획이었다.

그리고 그 계획을 완성하기 위해 성자 예수 그리스도께서 오셨다. 예수께서는 "이 잔은 내 피로 세우는 새 언약이니 곧 너희를 위하여 붓는 것이라" 라고 말씀하셨다. 그분의 피는 단순한 형벌의 대속이 아니라, 인간의 마음을 찢는 사랑의 사건이었다. 그 피는 돌판 위에 새겨진 율법을 넘어, 사람의 심령 위에 하나님의 글씨로 새겨졌다.

예수께서는 하나님의 계획을 피로써 완성하셨다. 그 피가 마음의 할례를 이루는 능력이 되었다. 이것이 성자의 구원 성취였다. 그리고 그 피의 언약을 인간의 마음속에 새기고, 잊히지 않게 붙들어주는 분이 바로 성령이시다.

성령은 예수의 피로 정결케 된 자에게 임하시며, 기도와 경건의 삶으로 그 언약을 지켜가게 하신다. 성령은 감정의 불길을 일으키는 영이 아니라, 십자가의 보혈을 마음 깊이 새기는 영이시다. 그분은 쉬지 않고 기도하게 하시며, 기도 속에서 하나님을 사랑하도록 이끄신다. 성령은 우리를 견인하시며, 끝까지 그 사랑 안에 머물게 하신다. 이것이 성령의 구원 완성이다.

성부의 계획, 성자의 성취와 부활, 성령의 견인이 하나로 이어진다. 성부께서는 구약을 통하여 십자가를 마음에 설계하셨고, 성자는 그 십자가를 피로써 완성하셨다. 부활하신 주님은 성부와 하나 되어 성령을 보내셨으며, 성령은 그 피를 우리의 마음에 새겨 거룩으로 완성하신다. 이것이 삼위일체 하나님의 경륜으로 이루어진 새 언약의 구원이다.

하나님은 시대마다 다른 방식으로 말씀하셨지만, 질문은 언제나 하나였다. "너는 그리스도의 할례로 마음의 할례를 받았느냐?" 이 질문은 단순한 신학적 설명을 넘어선다. 믿음의 고백을 넘어, 마음의 찢어짐을 묻는 질문이다. 네가 십자가 앞에서 울어본 적이 있느냐, 네가 그 피를 기억하며 회개한 적이 있느냐, 네 안에 그 사랑이 살아 있느냐를 묻는 것이다.

마음의 할례는 인간의 결심이 아니라, 하나님의 사랑이 인간의 자아를 찢는 사건이다. 그 사건을 경험한 사람은 스스로 하나님을 사랑하게 된다. 그리고 그 사랑은 쉬지 않는 기도로 이어지고, 그 기도는 경건의 완성으로 결실한다.

오늘의 교회는 다시 이 질문 앞에 서야 한다. 우리는 구원을 말하지만, 구원을 잃어버린 시대에 살고 있다. 은혜는 값싸졌고, 믿음은 입술의 고백이 되었다. 그러나 하나님은 여전히 말씀하신다. "네 마음을 찢고 내게로 돌아오라." 그 부르심은 시대의 회복을 위한 외침이 아니라, 한 사람의 마음을 위한 하나님의 음성이다. 한국에흐예언약학회의 "에흐예 신학"은 그 음성에 대한 응답이다. 그것은 교리를 다시 쓰는 작업이 아니라, 하나님의 마음을 다시 새기는 일이다. 성경의 대서사시는 결국 한길로 흐른다.

구원을 이루라. 그것은 인간의 노력이 아니라, 성부의 계획과 성자의 피, 성령의 견인이 내 마음 안에서 이루어지는 하나님의 구원을 위한 말씀이다.

종교개혁이 제도를 바꾸었다면, 그리스도의 살과 피로 마음을 찢으라는 십자가 계명으로의 새 언약은 마음을 바꾼다. 교회의 개혁이 아니라 사람의 개혁, 교리의 개혁이 아니라 사랑의 개혁, 율법의 개혁이 아니라 마음의 개혁이다. 그리고 그 개혁의 중심에는 언제나 십자가가 서 있다. 하나님의 사랑이 인간의 마음을 찢고, 그 안에 새 언약의 법을 새기는 자리, 바로 그곳이 구원의 완성이다.

한국에흐예언약학회는 성경을 전체적으로 통찰하여 해석하였다. 창세기에서 요한계시록에 이르기까지 하나님이 일관되게 말씀하신 것은 하나의 구원의 언약, 곧 '하나님이 스스로 이루어가는 자존적 새 언약'이다. 우리는 그 언약이 성부의 계획으로 시작되어, 성자의 피로 성취되고, 성령의 역사로 완성된다고 믿는다.

『성경의 대서사』는 그 구원의 여정을 따라, 성경의 큰 산맥과 초점을 새 언약의 관점으로 해석한 책이다. 이 책은 단지 신학을 설명하는 글이 아니라, 하나님의 마음을 다시 새기는 부르심이다.

학회는 이 출판을 통해 한국 교회와 신학의 중심에 다시 하나님의 마음, 십자가의 사랑을 세우고자 한다.

대표저자 박용호 목사

한국에흐예언약학회(舊 새언약학회)의 출판 서문

한국에흐예언약학회는 성경을 단편적으로 해석하지 않는다.

우리는 성경을 전체적으로 통찰하여, 창세기에서 요한계시록에 이르기까지 하나님의 일관된 말씀 속에 흐르는 한 줄기 구원의 언약, 곧 삼위 하나님이 스스로 이루어 가시는 '에흐예 언약'을 보았다.

이러한 신학적 통찰과 시도는 인간의 지식이 아니라, 신앙개혁을 바라시는 성령 하나님의 감동으로 시작되었다. 성령께서 성경을 풀어주시고, 보게 하시며, 깨닫게 하셨다. 그분의 임재 안에서 우리는 성경이 말하는 구원의 중심이 결국 마음의 변화, 곧 십자가 마음의 할례임을 알게 되었다.

하나님은 창세기에서부터 요한계시록까지 한 가지를 말씀하신다. 그것은 성부의 계획으로 시작되고, 성자의 피로 성취되며, 성령의 역사로 완성되는 에흐예 새 언약의 구원 이야기이다.

이번에 출간되는 『성경의 대서사』는 이 구원의 여정을 따라 성경의 큰 흐름과 중심을 하나님이 시초 언약으로부터 스스로에게 언약하신 관점으로 해석한 책이다. 이 책은 단지 신학을 설명하는 글이 아니다. 하나님의 마음을 다시 새기고, 그분의 사랑을 교회와 성도들의 심령 속에 회복시키려는 하나님의 부르심의 기록이다.

성경은 단지 문자로 읽어서는 보이지 않는다. 말씀은 통찰로 깨닫고, 기도로 교통할 때 성령의 임재 속에서 열린다. 기도 없는 말씀과 신앙은 결국 지식이 되고 율법이 된다. 하나님은 인간의 지식을 기뻐하지 않으신다.

하나님은 이렇게 말씀하신다. "내가 너를 사랑하여 은혜를 주었으니, 너는 죄에서 돌이켜 거룩함으로 나를 사랑하며 쉬지 말고 기도하라."

이것이 바로 새 언약의 본질이다. 죄를 이기는 길은 다른 데 있지 않다. 십자가의 계명, 곧 "나로부터 회개하고 거듭나 성령을 받으라"라는 말씀 속에 있다. 성령을 받은 자는 기도로 살아간다. 성령을 소멸하는 행위는 곧 기도를 멈추는 것이다.

그래서 한국에흐예언약학회는 '1.24.1 기도운동'을 제시한다.

하루 스물네 시간 중 한 시간을 하나님께 드려라. 그 한 시간은 단순한 종교적 의무가 아니라, 살아계신 하나님과의 교통이요, 교제이며, 생명의 호흡이다. 그 시간 속에서 성령은 말씀을 열고, 십자가의 사랑을 마음에 새기며, 우리의 신앙을 거룩의 길로 인도하실 것이다.

한국에흐예언약학회는 이 출판과 기도운동을 통해 한국 교회와 신학의 중심에 다시 하나님의 마음, 곧 십자가의 사랑과 새 언약의 생명을 세우고자 한다. 우리는 성경의 산맥 위에서 구원의 초점을 다시 맞춘다. 그리고 모든 성도에게 외친다.

"구원을 이루라. 마음의 할례로 하나님을 사랑하며, 쉬지 않고 기도하라. 이것이 새 언약의 생명이다."

한국에흐예언약학회 선교회 대표 박용호 목사

프롤로그

1. 인류언약과 에흐예언약

성경은 인간에게 주어진 파편화된 약속들의 모음이 아니다. 성경은 인류의 타락 직후, 하나님께서 역사의 한복판에 직접 개입하셔서 선포하신 '자기 선언'으로부터 시작되는 거대한 구속의 대서사이다.

우리는 아브라함 언약, 모세 언약, 다윗 언약을 익히 알고 있다. 하지만 정작 성경의 가장 깊은 곳에 흐르는 근원적 언약, 곧 하나님이 사탄 앞에서 스스로에게 맹세하신 '여자의 후손 언약(창 3:15)'의 신학적 실체는 깊이 있게 다루지 못했다. 이 약속은 인간과 맺은 합의이기 이전에, 하나님이 뱀(사탄)의 머리를 상하게 하시겠다고 스스로 결단하신 '에흐예(Ehyeh) 언약'의 선포이다.

이 본질을 간과하는 것은 현대 교회 신학에 커다란 빈틈을 만들게 된다. 우리는 예수의 이름은 알지만, 그분이 왜 아담의 혈통적 계보를 넘어 '여자의 후손'으로 오셔야 했는지, 그리고 그분이 세우신 '새 언약'이 어떻게 창세기 3:15의 궁극적 성취가 되는지를 충분히 배우지 못했다. 아브라함과 다윗의 족보는 외우지만, 정작 그 모든 족보를 관통하여 '새 언약의 중보자'를 역사 속에 밀어 넣으신 하나님의 능동적인 의지는 낯설게만 느껴진다.

이에 한국에흐예언약학회는 성경을 관통하는 하나님의 경륜을 두 개의 큰 언약 구조로 재정립한다.

- 첫째, 성경의 인물들에게 주어져 인류 역사를 이끌어온 전통적 언약 신학의 체계를 "인류 언약"이라 부른다. 이는 인간의 역사 속에서 구원의 필요성을 드러내는 모형적 계시이다.
- 둘째, 타락 직후 하나님이 스스로 세우시고 여자의 후손을 통해 친히 이루시는 불가항력적인 하나님 언약을 "에흐예(Ehyeh) 언약"이라 정의한다. 이는 하나님의 주권으로 성취되는 영원한 실체적 체계이다.

이 두 축은 성경을 처음부터 다시 읽게 하는 결정적 열쇠가 된다. 구원은 인간의 타락 이후 마련된 임시 수습책이 아니다. 하나님은 범죄한 아담을 심판하시기 전, 이미 뱀에게 "여자의 후손이 네 머리를 상하게 할 것"이라고 선포하셨다. 이는 구원이 인간의 신앙적 노력이나 감정의 산물이 아니라, 하나님이 자기 자신에게 하신 약속을 역사 속에서 신실하게 실행해 나가시는 과정임을 증명한다.

창세기 3:15에서 발원하여 그리스도의 십자가에서 완성된 이 '자기 언약(Ehyeh Covenant)'을 회복하는 것, 이것이 한국에흐예언약학회 신학의 가장 견고한 기초이다.

여자의 후손: 에흐예 언약의 역사적 현현

하나님의 영원한 구원 목적이 처음 역사 속으로 드러난 장면이 있다. 바로 창세기 3장 15절이다.

"여자의 후손은 네 머리를 상하게 할 것이요" (창 3:15)

이 약속은 하나님이 아담에게 주신 위로가 아니라, 뱀(사탄)을 향해 선포하신 준엄한 심판이자 자기 선언이다. 이는 구원의 주체가 인간의 의지가 아니라, 오직 하나님 자신(Ehyeh)임을 천명한다. 이것이 바로 영원 전부터 품으셨던 하나님의 구원 목적이 역사 속으로 처음 흘러 들어온 장면, 곧 '에흐예 언약'의 역사적 등장이다. 이 언약은 단순한 미래 예언을 넘어 십자가의 고난과 부활, 승리라는 구속사 전체를 함축하고 있는 모든 언약의 뿌리가 된다.

인류 언약: 구원의 실체가 아닌 '필요'를 드러내는 모형

아담 언약은 창3:17-21이 되어야 한다. 아담은 땀을 흘려 일을 해야 하나 하나님의 돌보심은 가죽옷을 입히심으로 드러난다. 아담 이후 하나님은 노아, 아브라함, 모세, 다윗과 같은 특정 인물들을 통해 언약을 세우셨다. 그러나 이 언약들은 그 자체로 구원을 완성하는 실체가 아니라, 실체이신 분이 오시도록 길을 예비하는 '인류 언약'의 성격을 띤다.

- 아브라함 언약: 믿음의 모형을 제시했으나, 육적 후손 전체를 믿음의 반열에 세우지는 못했다.
- 모세 언약: 거룩한 율법을 주셨으나, 죄를 폭로할 뿐 그 죄를 제거할 능력은 없었다.
- 다윗 언약: 영원한 왕권을 예표했으나, 지상의 왕권은 죄와 죽음의 권세를 이길 수 없었다.

하나님은 이 역사적 과정을 통해 인간의 타락한 본성으로는 결코 언약을 지킬 수 없음을 확인시키셨다. 이 절망적인 한계 위에서 하나님은 스스로 이루시는 새 언약, 곧 '에흐예 언약'의 절대적 필연성을 계시하신다. 즉, 인류 언약은 실체인 새 언약을 비추는 그림자이다.

에흐예 언약: 하나님이 스스로 성취하신 새 언약의 완성

하나님의 자기 언약(Ehyeh Covenant)은 마침내 한 분을 통해 실체가 된다. 바로 성령으로 잉태되어 오신 여자의 후손, 예수 그리스도이다. 그리스도의 성육신은 단순히 다윗 언약의 혈통적 연장이 아니라, 모든 인류 언약을 통합하고 초월하여 완성하시는 하나님의 주권적 성취이다. 십자가에서 흘리신 피는 단순한 형벌 대속을 넘어, 하나님의 법을 인간의 마음속에 직접 기록하시는 '새 언약의 계명적 사건'이다.

예수님은 요한복음 6장에서 '내 살을 먹고 내 피를 마시는 자는 영생을 가졌다'고 말씀하셨다. 이는 외적인 의식이 아니라, 십자가의 보혈이 인간의 부패한 마음을 뚫고 들어가 새 마음을 창조하는 '마음의 할례'를 의미한다. 이 생명의 연합을 통해서만 인간은 존재론적 변화를 입고 새로운 생명을 얻게 된다.

하나님은 마지막 날, 그 마음에 새 언약의 피가 기록된 자, 회개로 마음의 할례를 받은 자, 그리고 성령의 인도하심 속에 하나님을 사랑한 자만을 구원하신다. 성령은 그리스도의 할례로 인하며 예수의 피를 마음에 새긴 자를 끝까지 견인하여 하나님의 나라로 이끄시는 불가항력적인 권능이다.

성경 전체는 '에흐예 언약'이라는 하나의 금실로 엮인 거대한 드라마이다.

- 창세기: 여자의 후손 언약과 피·할례의 예표를 통해 새 언약의 뿌리를 계시한다.
- 율법과 선지서: 성부 하나님께서 새 언약의 필요성을 예언과 표징으로 예비하신다.
- 복음서: 예수 그리스도께서 새 언약의 중보자로 오셔서 십자가로 이를 단번에 성취하신다.
- 사도행전과 교회: 부활하신 주님이 성부와 하나되어 성령을 보내주신다. 성령이 새 언약을 성도의 마음에 실제적으로 인치시고, 하나님의 나라를 세워가신다.
- 요한계시록: 마음에 새 언약의 피가 기록된 자, 곧 생명책에 이름이 새겨진 자들이 영원한 승리에 참여한다.

구원의 실제: 마음의 할례를 주시는 그리스도의 법으로

성경은 처음부터 끝까지 삼위일체 하나님께서 스스로 이루신 에흐예 언약으로 수렴된다. 새 언약을 모르면 구원의 본질을 놓치게 된다. 모세 언약과 다윗 언약은 인류를 대표하여 인간의 한계를 시험하는 장치일 뿐, 구속의 실체가 아니다.

예수 그리스도는 단순히 다윗의 혈통적 계보를 잇기 위해 오신 것이 아니라, 성령으로 잉태된 '여자의 후손'으로 오셨다. 만약 예수를 다윗 언약의 연장선에서만 이해한다면, 십자가의 새 언약과 마음의 할례라는 구원의 핵심 가치는 희석되고 만다.

"나의 법을 그들의 속에 두며 그들의 마음에 기록하리라"(렘 31:33, 히 8:10). 이것이 바로 그리스도의 법, 예수 그리스도의 피로 완성된 새 언약이며 구원의 실제이다. 이 [에흐예 언약 - 새 언약- 그리스도의 할례 - 십자가 계명 - 마음의 할례]의 구조만이 성경을 관통하는 구원의 길이 된다.

하나님의 자기 언약과 우리의 응답

성경은 인간이 쌓아 올린 신앙의 기록이 아니라, 하나님이 스스로 세우신 "에흐예 언약"의 완성사이다. 하나님이 스스로 시작하시고 스스로 매듭지으신 구원의 역사이다. 인류 언약은 그림자일 뿐이며, 실체는 그리스도의 보혈로 우리 마음에 기록되는 새 언약이다. 본래 언약은 쌍방의 동의 속에서 성립이 된다.

하나님께서 십자가에서 완전한 대속을 이루셨을 때, 우리가 드려야 할 응답은 단 하나, 그리스도의 피를 마음에 새기는 것이다. 이 피가 마음에 새겨질 때 비로소 진정한 회개와 거듭남이 일어나며, 하나님의 사랑이 흐르는 참된 자녀가 된다.

"내 피를 네 마음에 새기라. 새 언약의 법으로 나를 사랑하라." 이 부름에 응답하는 것이 성경이 말하는 '마음의 할례'(롬 2:29, 골 2:11)이며 구원의 본질이 된다.

학회는 모든 성경 해석의 초점을 오직 그리스도의 피로 우리 마음에 새겨지는 '그리스도의 법'으로 모으는 이 진리의 길을 흔들림 없이 제시할 것이다. 이것이 바로 예수의 피로 영혼을 살리고, 우리를 참된 하나님의 자녀로 빚어가는 에흐예 언약의 실체이기 때문이다.

2. 새 언약은 십자가로 새기는 마음의 할례

성경에서 "언약"은 단순한 글이나 선언으로 세워지지 않았다. 언제나 피로 확증되었다. 출애굽 이후 하나님께서 시내산에서 이스라엘과 맺으신 언약은 피를 뿌림으로 이루어졌다(출 24:8). 이것이 곧 돌판에 새겨진 십계명 율법의 첫 언약이다.

그런데 하나님은 모압 땅에서 다시 언약을 세우셨다. 그러나 이것은 단순히 첫 언약을 반복하거나 연장한 것이 아니었다. 신명기 30장 6절은 이렇게 말씀한다.

"네 하나님 여호와께서 네 마음과 네 자손의 마음에 할례를 베푸사 너로 마음을 다하며 뜻을 다하여 네 하나님 여호와를 사랑하게 하사 너로 생명을 얻게 하실 것이며"

이 언약은 돌판에 기록된 율법이 아니라, 마음에 베푸시는 할례, 곧 내면을 변화시키는 전혀 다른 차원의 언약이었다. 그래서 신학적으로 이를 두 번째 언약이라고 부르는 것이다. 이 두 번째 언약의 실체가 확실하게 드러난 것이 바로 예레미야 31장 31절부터 33절까지의 말씀이다.

"보라 날이 이르리니 내가 이스라엘 집과 유다 집에 새 언약을 맺으리라… 내가 나의 법을 그들의 속에 두며 그들의 마음에 기록하여"

즉, 신명기 30장 6절에서 예고된 "마음의 할례"가 예레미야를 통해 새 언약의 선언으로 이어지고, 결국 십자가의 피로 성취되는 것이다.

예수님은 최후의 만찬 자리에서 떡과 잔을 들고 말씀하셨다.

"이 잔은 내 피로 세우는 새 언약이니"(눅 22:20)

이는 단순한 상징이 아니라, 십자가에서 흘리신 보혈이 곧 예레미야가 예언한 새 언약의 실체라는 선언이었다.

히브리서 기자도 이렇게 증언한다.

"이로 말미암아 그는 새 언약의 중보자시니 이는 첫 언약 때에 범한 죄에서 속량하려고 죽으사"(히 9:15)

곧 예수님의 피 흘리심으로 첫 언약 아래 드러난 죄가 해결되고, 새 언약의 길이 열리게 된 것이다.

따라서 우리는 분명히 알아야 한다. 새 언약은 글로 기록된 약속이 아니라, 십자가의 피로 세워진 언약이다. 첫 언약이 돌판의 율법이었다면, 새 언약은 보혈로 우리의 마음에 새겨진 율법, 곧 그리스도의 법이다.

오늘날의 한국 교회가 반드시 회복해야 할 신앙의 중심은 바로 여기 있다. 새 언약은 십자가이고, 십자가는 계명이며, 십자가는 마음의 할례로 새겨져야 구원이다. 이 진리를 잃으면 신앙은 껍데기뿐이지만, 이 피의 언약이 마음에 새겨질 때 우리는 비로소 참된 하나님의 백성으로 살아가게 된다.

3. "에흐예 언약"의 진수를 회복하라

오늘날 신학에서 '성경 신학'이라 불리는 언약 신학의 대부분의 체계는 성경을 통일적으로 설명하기 위해 언약을 나열한다. 창세기에서 계시록까지 이어지는 언약을 '행위 언약'과 '은혜 언약'으로 구분하고, 아담, 노아, 아브라함, 모세, 다윗, 그리스도의 언약을 하나의 줄기로 해석하며 이스라엘과 다윗을 통한 구원을 말한다. 이러한 체계는 신학적으로 정교해 보이지만, 결정적인 한 가지를 놓쳤다. 바로 새 언약의 피, 곧 하나님이 스스로 흘리시겠다는 언약의 생명이 빠진 것이다. 그리고 율법의 시대가 세례 요한으로 마침되지 않고 넘어오면서 서로 다른 언약이 혼재되고 구원의 길을 스스로 약화시켰다는 것이다.

학회는 이 언약을 사람에게 행하신 "인류 언약"으로 명명하며, 하나님이 자신에게 스스로 약속하여 구원을 이루어 가시는 "에흐예 언약"과 구분한다. 은혜로 구원이라는 너무 넓어진 구원론을 예수께서 말씀하신 좁은 문의 길이 무엇인지, 자기를 부인하고 자기 십자가를 지는 신앙의 길이 어떠한 길인지 성경의 핵심과 초점을 제시하려 한다.

오늘 교회의 문제는 언약을 아는 데에 있는 것이 아니라, 십자가 새 언약의 피가 마음에 할례로 새겨져야 한다는 사실을 알지 못하는 데 있다.

성경의 진수는 단순히 언약의 구조를 이해하는 데 있지 않다. 하나님의 피로 이어진 구속의 사랑, 곧 "에흐예 언약" 안에서 계시된 하나님의 자기 계시와 구원의 경륜을 깨닫는 데 있다.

하나님은 이 언약을 스스로, 자기 피로, 십자가로 완성해 가시는 하나님이시다. 그러므로 성경은 피와 할례와 언약이 하나로 이어진 구속의 흐름으로 읽을 때 비로소 그 전체가 드러난다.

『성경의 대서사』는 이러한 통찰을 따라 다음과 같이 구성된다.

1부 1권: 할례의 관점으로 보는 성경
1부 2권: 피의 관점으로 보는 성경

2부 3권: 새 언약으로 통찰하는 성경
2부 4권: 에흐예 언약으로 성경을 꿰뚫는 24장의 메시지 성경

3부 5권: 한국에흐예언약학회가 알려주는 새언약 삼위일체 신학

이 책은 네 번의 성경 통찰을 통해 하나님이 어떻게 "에흐예 언약"을 따라 새 언약의 구원을 이루어 가시는지, 그리고 십자가 계명이 무엇이며 어떻게 성도의 마음에 새겨지는지를 명확하게 정의해 간다.

이제 신학은 언약의 틀을 다시 세워야 한다. '피 없는 언약 신학'에서 '예수의 피로 우리 마음에 새기는 에흐예 새 언약'으로 성경을 통찰해야 말씀의 길이 뚫린다. 구원은 좁은 문이라고 하신 예수님의 말씀을 무시하고 넓은 구원으로 안심하는 교회는 이 글을 통하여 깊은 회개와 하나님의 십자가를 마음에 두는 마음의 할례로 구원을 이루어 나가야 한다.

인류 언약은 시대마다 다른 언약을 구분하고 그 속에서 구속사를 설명한다. 그러나 그 구분이 점점 사람의 해석과 구조 속으로 빠져들면서 '하나님의 피로 쓰는 십자가 마음'이 사라졌다. 언약은 하나님이 인간과 관계를 회복하기 위해 피로 맺으신 약속인데, 신학은 그 피의 의미를 잊은 채 '언약의 틀'을 해석하는 데에만 머물렀다. 이것이 바로 오늘날 신학의 문제이다. 언약의 수와 이름은 말하지만, 그 언약 속에서 흐르는 하나님의 피와 사랑, 회개와 구속의 마음은 전하지 못한다. 결국 언약은 구원의 통로가 아니라, 성

경 66권을 분류하는 신학적 지도에 불과하게 되어버린 것이다.

성경에서 하나님이 언약을 세우실 때마다 피가 흘렀다. 피는 단순한 제사 절차가 아니라, 하나님이 죄인을 향해 자기 생명을 내어주신 흔적이다.

- 아담의 가죽옷의 피: 죄를 가리시는 사랑의 시작(창 3:21)
- 아브라함의 할례의 피: 믿음의 표와 순종의 약속(창 17:10)
- 모세의 언약의 피: (모형) 율법과 속죄의 관계(출 24:8)
- 다윗 언약의 피: (모형) 회개와 통회하는 심령의 피(시 51:17)
- 예수의 새 언약의 피: 마음에 새겨진 완전한 속죄(마 26:28)

이 그리스도의 피가 흐르고, 내 마음이 그 피를 받아야 언약은 언약이 된다. 피 없는 언약은 하나님과의 관계가 아니라, 인간이 만든 언약 지식에 불과하다. 그래서 새 언약의 핵심은 언약의 피가 마음에 새겨지는 것, 곧 십자가의 피로 마음이 찢어지고 하나님의 사랑이 새겨지는 내적 언약이다.

오늘날의 언약 신학은 교리의 체계로 거의 무조건적 은혜로 성경의 언약과 믿음을 설명하려 하지만, 그 속에서 하나님이 인간에게 요구하신 것은 "회개"와 "마음의 변화"인 "마음의 할례"인 것을 잊고 있다. 언약의 본질은 구원이다. 구원은 이론이 아니라, 피로써 이루어지는 실제적인 생명의 변혁이다.

그러나 현대 신학은 그 구원의 피를 논리화하고, 그리스도의 피를 '대속과 은혜의 상징'으로 너무 많이 넓혔다. 이것이 바로 "언약은 말하지만 진정한 구원은 사라진 신학"의 현실이다.

신학은 여전히 언약의 틀 안에서 66권을 분류하고, 언약의 이름을 외우며 교리의 정합성을 따지지만, 정작 하나님이 왜 피로 언약을 세우셨고 우리가 응답해야 하는 십자가 계명임을 묻지 않는다.

성경을 바르게 해석하려면, '언약의 나열'이 아니라 언약의 두 층위인 '인류언약과 에흐예 자존 언약의 구조'를 알고 '언약의 피'에서 출발해야 한다. 언약은 하나님이 자기 마음을 인간의 마음에 심는 과정이며, 그 심는 도구가 바로 피이다.

그래서 예레미야 31장 33절의 "나의 법을 그들의 마음에 기록하리라"라는 말씀은 피로 쓰는 언약의 절정이다. 율법이 돌판에 새겨졌다면, 새 언약은 피로 마음판에 새겨진다. 그 피는 단순한 상징이 아니라, 하나님이 인간의 죄를 짊어지시고 찢기신 사랑의 흔적이다. 이 피가 마음에 새겨질 때, 비로소 성경은 구조가 아니라 살아 있는 구원의 언약이 된다.

1부

성경을 보는 눈, 할례와 피

1권

할례로 보는 성경의 산맥과 초점

성경 분류를 중심으로 — 할례와 마음의 할례

서문

I. 하나님은 구원의 기준을 어떻게 정하셨는가

성경은 인간의 신앙 고백을 넘어, 하나님이 친히 구원의 기준을 세우신 역사를 기록한다. 그 기준은 사람의 의지나 종교적 감정이 아니라, 하나님의 피와 마음의 기록에 있다.

하나님은 단순히 '믿는 자는 구원받는다'는 추상적 명제를 남기신 것이 아니라, 역사 속에서 반복적으로 피의 언약을 통해 구원의 표준을 구체화하셨다. 에덴의 첫 인간이 죄로 타락한 후, 하나님은 가죽옷을 지어 입히심으로(창 3:21) 인류에게 처음으로 피를 흘려야 죄가 덮인다는 원리를 보여주셨다. 그 후의 모든 제사, 제단, 그리고 율법은 그 원리를 따라 피를 요구했다. 그러나 그 피는 완전하지 않았다. 하나님은 결국 자신의 피로 세운 언약, 곧 예수 그리스도의 십자가를 통해 구원의 절대 기준을 완성하셨다.

"이 잔은 내 피로 세우는 새 언약이니 곧 너희를 위하여 붓는 것이라" (눅 22:20)

이 선언은 단순한 구속 사건의 보고가 아니라, 구원의 원리를 결정짓는 하나님의 최종 계시이다. 하나님은 인간의 마음속에 자신의 피를 새겨 넣음으로, 구원이 더 이상 인간의 지식이나 행위의 영역이 아닌 하나님의 마음에 속한 영역임을 밝히셨다.

Ⅱ. 그리스도의 할례로 쓰신 계명, 마음에 새겨진 언약

하나님은 피를 구원의 유일한 기준으로 삼으셨다. 그 이유는 피 안에 생명이 있기 때문이다(레 17:11). 피는 단순한 상징이 아니라, 하나님과 인간의 관계를 이어주는 생명의 통로다. 따라서 구원은 피를 '보는 것'이나 '이해하는 것'으로 이루어지지 않는다. 그 피가 내 마음을 찢고 들어와 회개를 일으키는 실제적 사건이 일어나야 한다.

예수 그리스도의 십자가는 단지 대속을 통한 구원의 표식이 아니다. 그 십자가의 보혈은 인간 내면 깊숙이 숨겨진 죄를 찢어내게 하는 마음을 베는 칼날이다.

그 보혈이 사람의 마음을 관통할 때, 감추어 두었던 죄는 더 이상 숨지 못하고 드러나며 회개의 눈물과 함께 하나님의 사랑이 찢어진 마음 위에 새겨진다. 그 순간이 곧 사람의 손으로 행해지는 할례가 아닌 하나님께서 직접 행하시는 할례, 곧 그리스도의 할례이다(골 2:11). 이 할례는 육체를 베는 옛 할례가 아니라, 마음을 베고 찢어 죄에 붙들린 육의 마음을 벗게 하는 마음의 할례로 성취된다(롬 2:29).

그러므로 그리스도의 할례는 나를 살리기 위해 먼저 내 마음을 찢으시는 하나님의 사랑이다. 그 사랑에 반응하는 마음의 찢어짐이 마음의 할례이다.

예수께서 "내 살은 참된 양식이요 내 피는 참된 음료로다"(요 6:55) 하신 말씀은 상징이 아니라 실제적 영적 원리를 가리킨다. 그분의 피를 '먹는다'는 것은 그 피가 내 마음에 들어와 나의 피로 작용한다는 뜻이다. 십자가의 피가 내 마음을 찢을 때, 그 피는 더 이상 그리스도의 것만이 아니다. 그 피가 내 양심을 깨우고, 내 죄를 미워하게 하며, 내 안에 하나님의 생명이 흐르기 시작할 때, 나는 예수의 피를 먹는 자가 된다.

이 피의 교통은 일회적 사건이 아니라 지속적 순환이다. 그러므로 예수께서는 자신을 "생명의 빵"(요 6:48)이라 하셨고, 그 빵을 매일 먹어야 한다고 하셨다. 구원은 과거의 선언이 아니라, 하루하루 예수의 피를 마음에 새기며 살아가는 현재적 사건이다.

피의 생명은 기도로 이어진다. 성경이 "쉬지 말고 기도하라"(살전 5:17) 명한 이유는 기도가 단지 종교적 행위가 아니라 피의 생명 순환이기 때문이다. 기도는 하나님을 사랑하는 고백이며, 예수의 보혈로 죄와 사탄을 이기는 싸움이며, 성령이 주시는 생명의 법으로 살아가는 영적 질서다. 즉, 기도는 구원의 연장선이다. 십자가의 피가 내 마음에 새겨질 때, 그 피는 내 안에서 '하나님 사랑합니다'라는 고백으로 흐르고, '예수 보혈의 능력'으로 죄를 이기게 하며, '성령의 교통'으로 거룩한 삶을 이끌어간다.

이것이 바로 그리스도의 법, 곧 피로 쓰인 마음의 법이다. 이 법은 돌판에 새긴 율법이 아니라, 하나님이 자신의 피로 사람의 마음에 새기신 십자가 계명이다(히 8:10).

하나님이 보시는 구원의 증거는 외형의 종교가 아니다. 그분은 사람의 마음을 보신다. 그리고 그 마음속에 피의 흔적, 곧 마음의 할례가 새겨져 있는지를 보신다.

> "오직 이면적 유대인이 유대인이며 할례는 마음에 할지니 영에 있고 율법 조문에 있지 아니한 것이라" (롬 2:29)

마음의 할례란, 예수 그리스도의 피가 내 마음을 찢어 회개를 일으키고, 그 피의 사랑이 내 마음을 새롭게 하여 죄로부터 돌아서게 하는 사건이다. 하나님은 이 표를 가지지 않은 자에게서 구원의 증거를 찾지 않으신다. 그래서 마지막 심판에서 하나님은 이렇게 물으실 것이다. "너는 내 피를 너의 마음에 가졌느냐?" 이 질문이야말로 구원의 심판 기준이다. 이는 피의 대속 여부가 아니라, 그 피가 내 마음에 새겨졌느냐, 곧 마음의 할례가 이루어졌느냐를 묻는 것이다.

Ⅲ. 마음의 할례와 마음의 피 — 새 언약의 구원의 완성

할례의 피로 쓰신 계명, 마음에 새겨진 언약

결국 하나님이 정하신 구원의 기준은 두 가지로 요약된다.

1. 피가 마음에 새겨졌는가 - 그리스도의 할례로 이루신 예수의 피가 내 마음을 찢고 들어와 회개와 거듭남을 이루었는가.
2. 그 피로 마음의 할례가 일어났는가 - 그 피가 내 안에서 죄를 이기고 하나님을 사랑하는 마음으로 변화시켰는가.

이 두 가지가 함께 일어난 자는 성령의 인침을 받아 그리스도의 법을 따라 살아가는 새 언약의 일꾼이다. 그의 기도는 사랑이고, 그의 삶은 경건이며, 그의 영혼에는 하나님의 피가 흐른다. 따라서 구원은 교리의 동의가 아니라, 피의 사건이며 마음의 기록이다. 예수의 피가 내 피가 되고, 그 피가 마음에 새겨져 하나님을 사랑하고 죄를 이기는 사람, 그가 하나님이 찾으시는 구원의 사람이다.

"내 법을 그들의 생각에 두고 그들의 마음에 이것을 기록하리라"
(히 8:10)

이 말씀은 새 언약의 핵심이며, 하나님이 최종적으로 정하신 구원의 기준이다. 그것은 단순한 신앙의 표식이 아니라, 하나님과 사람의 마음이 피로 하나 되는 언약의 증거이다.

Ⅳ. 마음의 할례는 자기 부인과 자기 십자가를 동반합니다

하나님이 보시는 구원의 중심

"누구든지 나를 따라오려거든 자기를 부인하고 자기 십자가를 지고 나를 따를 것이니라" (마 16:24)

예수님의 이 말씀은 단순한 제자도의 요청이 아니라, 구원의 본질을 밝히는 새 언약의 핵심 선언이다. 오늘날 교회는 '믿음으로 구원받는다'는 교리를 중심으로 설교하지만, 하나님께서 보시는 믿음이라는 구원의 중심은 마음의 할례이다. 이는 단순히 '믿는다'는 입술의 고백이 아니라 마음이 움직이는 믿음을 보신다, 나의 죄로 인해 십자가를 지시는 하나님의 아픔을 깨닫고 그 마음을 내 마음에 새기는 사건, 곧 자기 부인과 자기 십자가를 동반한 내면의 피 흘림이다.

율법의 할례에서 마음의 할례로

하나님은 아브라함에게 언약의 표로 육체의 할례를 명하셨다(창 17:10-11). 그러나 그 표는 육체에 하는 외적인 의식이었다. 하나님께서 바라보신 것은 단지 살을 베는 의식이 아니라, 마음을 베고 죄를 떠나는 결단과 순종이었다.

신명기 10장 16절은 "그러므로 너희는 마음에 할례를 행하고 다시는 목을 곧게 하지 말라"라고 명령하며, 예레미야 4장 4절 또한 "유다인과 예루살렘 주민들아 너희는 스스로 할례를 행하여"라고 외친다.

율법의 시대에 하나님은 육체의 행위보다 내면의 변화, 곧 마음의 할례를 원하셨다. 이는 예수 그리스도의 십자가에서 완성될 새 언약의 실체를 예표한 그림자였다.

마음의 할례는 자기 부인의 사건이다

예수께서 "자기를 부인하라" 하신 것은 단순히 겸손의 교훈이 아니다. '부인(ἀπαρνέομαι, aparneomai)'이란, 헬라어 원어로는 자기 자신을 부정하다, 거절하다라는 뜻으로, 자기중심적 생명을 내려놓는 결단을 의미한다. 이 부인은 단 한 번의 결심이 아니라, 매일 자신의 의와 욕망을 십자가에 못 박는 지속적인 내적 싸움이다(눅 9:23).

사도 바울은 "나는 날마다 죽노라"(고전 15:31)라고 고백했다. 이 고백은 단순한 고난의 표현이 아니라, 하나님의 뜻이 나의 뜻보다 앞선다는 신앙의 태도, 곧 하나님 중심의 신본주의 신앙의 출발이다. 이 자기 부인의 삶이 없이는 하나님의 법이 마음에 새겨질 수 없다.

자기 십자가는 마음의 할례의 증거다

마음의 할례는 피 없는 신앙이 아니다. 예수 그리스도의 보혈이 내 마음에 새겨질 때, 그 피는 나의 죄를 깨닫게 하고 회개의 통곡으로 이끈다. 그때 내 마음은 찢기고, 그 상처 자리에 하나님의 보혈로 사랑이 기록된다. 이것이 곧 십자가의 피로 새겨지는 마음의 할례이며, 그 증거가 자기 십자가를 지는 삶으로 드러난다.

자기 십자가는 고난을 의미하기보다 하나님께 순종하기 위해 기꺼이 자기 뜻을 내려놓는 신앙의 자리다. 이 자리에 선 사람은 하나님께서 기뻐하시는 자로, 성령께서 인치시는 사람이다(엡 1:13). 그러므로 마음의 할례는 단지 회개로 끝나지 않고, 하나님만을 사랑하며 쉬지 않는 기도로 이어지는 신앙의 열매이다.

하나님이 보시는 구원의 중심

하나님은 인간의 외적 행위를 보지 않으신다.

"사람은 외모를 보거니와 나 여호와는 중심을 보느니라" (삼상 16:7)

그 중심이 바로 마음의 할례가 이루어진 자리, 즉 그리스도의 피가 새겨진 내면의 제단이다. 로마서 2장 29절은 "오직 이면적 유대인이 유대인이며 할례는 마음에 할지니 영에 있고 율법 조문에 있지 아니한 것이라"라고 선언한다. 이 말씀은 구원의 판단 기준이 교단의 교리나 행위가 아니라, 하나님이 내 마음에서 무엇을 보시느냐에 있음을 분명히 한다. 그분은 마음의 중심에서 자기 부인과 자기 십자가를 통하여 순종으로 열매 맺는 믿음을 찾으신다.

마음의 할례 없는 신앙은 껍데기다

오늘날 교회는 '믿음으로 구원받는다'는 말을 자주 하지만, 그 믿음이 십자가에서 흘린 피의 의미를 자기 안에 새기지 못한 믿음이라면, 그것은 껍데기일 뿐이다. 귀로 듣는 은혜, 입으로 고백하는 믿음, 눈으로 읽는 말씀은 구원을 이루지 못한다. 하나님이 찾으시는 것은 피로 새겨진 마음의 변화, 곧 자기 부인과 자기 십자가의 신앙이다.

이 마음의 할례가 없는 신앙은 아무리 열정적이어도 구원의 길을 완주할 수 없다. 십자가의 길은 고난의 길이 아니라, 하나님의 마음을 아는 길이며, 그 길을 걷는 자가 진정한 믿음의 사람이다.

"에흐예"십자가로 이루는 새 언약 신앙의 결론

예수 그리스도의 십자가는 단 한 번의 대속으로 끝나지 않았다. 그 피가 오늘 우리의 마음에 새겨질 때, 그분의 대속은 살아 있는 언약이 된다. 그 언약이 새겨진 마음은 회개로 찢기고, 사랑으로 채워지며, 순종으로 완성된다. 그것이 바로 새 언약의 구원이며, 하나님이 보시는 구원의 중심이다.

마음의 할례는 자기 부인과 자기 십자가를 동반한다.

> "무리와 제자들을 불러 이르시되 누구든지 나를 따라 오려거든 자기를 부인하고 자기 십자가를 지고 나를 따를 것이니라" (막8:34)

그것은 신앙의 시작이자 완성이며, 하나님께서 "이 사람은 내 마음에 합한 자라" 하시는 유일한 근거이다.

1장

할례와 피와 마음의 할례

성경을 여는 신학적 선언

"육체의 생명은 피에 있음이라" (레 17:11)

성경이 처음부터 끝까지 관통하여 선포하는 이 진리는, 하나님의 구원 경륜을 이해하는 핵심 열쇠이다. 아담과 하와가 범죄했을 때, 하나님은 그들의 부끄러움을 가리기 위해 가죽옷을 입히셨다(창 3:21). 이는 단순한 옷이 아니라, 생명을 가진 짐승의 피 흘림을 전제한 행위였다. 이미 에덴동산에서부터 하나님은 피 없이는 죄를 덮을 수 없음을 밝히셨던 것이다.

구약의 모든 제사와 할례는 이 원리를 반복적으로 보여주었다. 아브라함에게 주어진 할례 언약은 피로써 새겨진 표징이었으며(창 17:10), 출애굽 이후 주어진 율법의 제사법은 피 흘림 없이는 사함이 없음을 끊임없이 강조했다(히 9:22). 그러나 사람들은 그 의도를 잃어버리고, 행위와 형식 자체를 의로움으로 삼았다. 하나님은 선지자들을 통해 그들의 외식과 위선을 꾸짖으셨다.

"너희 마음 가죽을 베고 나 여호와께 속하라" (렘 4:4)

하나님이 요구하신 것은 육체의 행위가 아니라, 마음의 깊은 변화, 곧 마음의 할례였다.

신약에 와서 예수 그리스도의 십자가는 구약의 모든 피 언약을 완성했다. 그러나 십자가의 피가 단순히 역사적 사건으로만 머물러서는 아무 유익이 없다. 그 피가 내 마음에 새겨지고, 죄성을 찢어내는 회개로 이어질 때에만 구원의 능력이 된다. 예수께서는 분명히 말씀하셨다.

"나더러 주여 주여 하는 자마다 다 천국에 들어갈 것이 아니요 다만 하늘에 계신 내 아버지의 뜻대로 행하는 자라야 들어가리라" (마 7:21)

이는 단순한 신앙 고백이나 종교적 행위가 아니라, 마음이 십자가 앞에서 찢기고 변화되어 하나님만을 사랑하는 상태를 의미한다.

사도 바울은 이를 더욱 명확히 정리했다.

"오직 이면적 유대인이 유대인이며 할례는 마음에 할지니 영에 있고 율법 조문에 있지 아니한 것이라" (롬 2:29)

그는 육체의 할례나 외적 형식은 아무것도 아니며, 중요한 것은 하나님의 계명을 마음에 지키는 것이라 선포했다(고전 7:19). 따라서 성경 전체를 꿰뚫는 초점은 바로 마음의 할례이다.

이것이 바로 우리가 성경을 해석하는 현미경적 초점이다. 종교개혁의 전통이 강조했던 "오직 은혜, 오직 믿음, 오직 말씀"도 이 초점으로 들여다보아야 한다. 은혜는 값싼 면죄부가 아니라, 십자가에서 내 마음이 찢겨 회개하는 은혜이다. 믿음은 지식적 동의가 아니라, 마음이 새롭게 되어 하나님을 사랑하는 전인격적 신뢰이다. 말씀은 단순한 율법 조문이 아니라, 성령께서 마음에 새겨주시는 그리스도의 법이다(히 8:10).

따라서 성경 전체는 이렇게 요약된다.

구약의 제사와 할례는 피의 언약을 예표했고, 예수 그리스도의 십자가는 그 언약을 완성했으며, 성령은 그 피를 우리의 마음에 새겨 마음의 할례를 이루신다. 그리고 이 마음의 할례가 없이는 구원이 없다. 아무리 이적을 행하고, 주의 이름으로 봉사하며, 평생을 섬겼다 해도, 마음의 할례라는 피의 증거가 없다면 최종 심판대 앞에서 인정받지 못할 것이다.

그러므로 성경을 읽는 모든 신앙인은 반드시 이 진리를 붙잡아야 한다. 성경의 궁극적 요구는 마음의 할례이다. 이 진리 위에만 참된 신앙, 참된 구원이 세워진다. 마음의 할례를 받은 자는 필연적으로 경건의 훈련과 기도의 삶으로 나아간다. 쉬지 않고 하나님의 이름을 부르는 기도, "하나님 사랑합니다"라는 고백의 기도, 예수 보혈로 마귀를 이기는 기도의 삶이 이어진다.

이것이 바로 성경 전체를 여는 열쇠이자, 새 언약 신학의 선언이다. 성경은 마음의 할례 없이는 결코 구원을 약속하지 않는다.

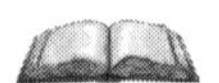

2장

[창세기] 마음의 할례 언약의 시작

성경은 창세기에서부터 인간의 마음이 하나님께 속하지 못한 현실을 드러낸다. 아담과 하와가 선악과를 따 먹은 사건은 단순한 불순종이 아니라, 하나님의 말씀보다 자기 뜻을 앞세운 마음의 반역이었다. 죄는 그렇게 마음에서 시작되었다.

"여호와께서 사람의 죄악이 세상에 가득함과 그의 마음으로 생각하는 모든 계획이 항상 악할 뿐임을 보시고" (창 6:5)

하나님께서 인간을 심판하실 때 드러낸 기준은 외적인 모습이 아니라, 마음의 상태였다. 그러나 하나님은 심판 가운데서도 은혜를 베푸셨다. 아담과 하와가 범죄한 직후, 그들의 수치를 가리기 위해 가죽옷을 입히셨다(창 3:21). 이는 곧 피 흘림을 전제한 행위였으며, 하나님께서 죄인을 덮기 위해 피의 제사를 준비하셨음을 의미한다. 가죽옷은 단순한 옷이 아니라, 장차 그리스도의 보혈로 이루실 새 언약의 그림자였다.

노아의 홍수 사건도 마찬가지다. 세상 사람들의 마음이 항상 악하여 하나님은 물로 세상을 심판하셨으나, 노아는 은혜를 입었다(창 6:8). 방주와 제단 위에 드린 피의 제사(창 8:20)는 하나님과 인간 사이의 새로운 출발의 언약이었다. 이는 하나님이 여전히 인간과의 관계 회복을 원하시며, 그 회복의 증표가 피에 있음(창 9:5)을 다시 한번 보여주신 사건이다.

아브라함에게 주어진 언약은 한 걸음 더 나아가 피를 몸에 새기는 행위로 나타났다.

"너희 중 남자는 다 할례를 받으라 이것이 나와 너희와 너희 후손 사이에 지킬 내 언약이니라" (창 17:10)

할례는 혈통적 표징이었지만, 동시에 마음의 중심을 요구하는 상징이었다. 아브라함이 믿음으로 의롭다 하심을 얻은 것(창 15:6)은 할례 이전에 이미 이루어진 사실이었다. 따라서 할례 자체가 구원의 조건이 아니라, 하나님과의 언약 관계 안에 있다는 마음의 증거였다.

이후 아브라함의 자손들이 혈통적 할례만을 붙잡고 마음의 중심을 놓쳤을 때, 하나님은 그들의 불순종을 심판하셨다. 창세기 속 족장들의 이야기는 모두 이 사실을 증명한다. 야곱은 형 에서를 속이고도, 얍복 강가에서 밤새 씨름하며 마음을 찢는 회개를 통해 "이스라엘"이라는 새 이름을 받았다(창 32:28). 하나님은 혈통적 의가 아니라, 마음이 바뀐 자를 언약 백성으로 인정하셨다.

창세기는 인간의 마음이 얼마나 쉽게 하나님을 떠나는지를 보여주며 동시에 하나님의 구원 계획이 어디에 집중되는지를 드러낸다. 하나님은 처음부터 마음을 원하셨고, 그 증표로 피의 제사와 할례를 주셨다. 그러나 그것은 단순한 외적 행위가 아니라, 장차 올 십자가의 피를 통해 마음의 할례가 이루어져야 함을 가리키는 그림자였다.

따라서 창세기를 마음의 할례라는 초점으로 읽을 때, 성경은 이렇게 요약된다.

- 죄는 마음에서 시작되었고,
- 하나님의 심판은 마음을 기준으로 하며,
- 구원의 길은 피를 통한 마음의 변화로 열려 있다.

창세기의 언약은 이미 새 언약의 기초를 세우고 있다. 하나님은 아브라함과 맺은 언약을 통해 혈통적 이스라엘을 넘어, 마음의 언약 백성을 준비하고 계셨다. 그리고 이 모든 것은 십자가에서 성취될 새 언약을 바라보게 한다.

3장

[구약 율법서] 마음의 할례 요구

하나님은 아브라함과의 언약을 계승하여 그의 후손 이스라엘을 애굽에서 이끌어 내셨다. 출애굽 사건은 단순한 민족 해방이 아니라, 하나님께서 자기 백성을 피 언약으로 구별하신 사건이었다. 유월절 어린양의 피를 문설주에 바른 집은 죽음의 심판을 피했고(출 12:13), 홍해를 건너는 사건은 하나님의 백성이 옛 삶에서 단절되어 새 언약의 길로 들어서는 시작이었다. 이미 출애굽 자체가 피의 언약으로 시작된 새 여정이었다.

그러나 하나님은 단지 외적인 구별로 만족하지 않으셨다. 시내 산에서 주신 율법과 십계명은 이스라엘을 하나님 백성답게 세우기 위한 언약이었다.

> "너희가 내 말을 잘 듣고 내 언약을 지키면 … 너희가 내게 대하여 제사장 나라가 되며 거룩한 백성이 되리라"(출 19:5-6)

이 말씀의 핵심은 행위 자체가 아니라, 언약을 마음으로 지켜 하나님께 속하는 백성이 되는 것이었다.

하지만 이스라엘은 반복적으로 불순종하였다. 광야에서 금송아지를 만들며, 하나님의 율법보다 자기 욕망을 따랐다. 모세는 이스라엘 백성에게 끊임없이 경고했다.

> "그러므로 너희는 마음에 할례를 행하고 다시는 목을 곧게 하지 말라"(신 10:16)

여기서 하나님이 요구하신 것은 육체의 표시가 아니라, 하나님 앞에 겸비한 마음이었다. 더 나아가 하나님은 약속하셨다.

> "네 하나님 여호와께서 네 마음과 네 자손의 마음에 할례를 베푸사 너로 마음을 다하며 뜻을 다하여 네 하나님 여호와를 사랑하게 하사 너로 생명을 얻게 하실 것이며" (신 30:6)

이 말씀은 구약 전체의 방향을 보여준다. 율법은 단지 외적 규례로 지켜지는 것이 아니라, 하나님의 은혜로 마음의 할례가 이루어져야만 온전히 순종할 수 있다는 사실이다.

율법의 본질은 단순한 명령의 집합이 아니다. 하나님은 율법을 통해 인간이 자기 힘으로는 하나님의 뜻을 온전히 따를 수 없음을 드러내셨다. "율법은 죄를 깨닫게 하는 것"(롬 3:20)이라는 사도 바울의 설명은 바로 이 지점을 가리킨다. 이스라엘은 율법을 받았으나, 그 율법을 마음으로 지킬 능력이 없었다. 그래서 광야에서 넘어지고, 가나안에서도 하나님을 배반하며, 결국 멸망의 길로 나아갔다.

율법서 전체를 꿰뚫는 메시지는 분명하다. 하나님은 백성의 마음을 원하신다. 피 없는 제사가 무의미한 것처럼, 마음 없는 율법 순종은 무가치하다. 하나님께서 이스라엘에게 원하신 것은 단순한 규칙 준수가 아니라, 피로 새겨진 언약이 마음에 기록되어 하나님만을 사랑하는 백성이 되는 것이었다.

따라서 출애굽기에서 신명기에 이르는 말씀을 마음의 할례라는 초점으로 읽을 때, 우리는 구약의 모든 율법이 결국 예수 그리스도의 십자가에서 완성될 것을 바라보게 된다. 십자가의 피가 아니면 결코 마음의 할례는 일어나지 않으며, 마음의 할례 없이는 하나님을 사랑하는 삶이 불가능하다.

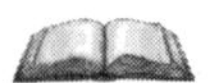

4장
[구약 역사서] 마음의 배반과 심판

이스라엘 백성은 출애굽과 광야를 지나 약속의 땅 가나안에 들어갔다. 그들은 하나님이 주신 율법과 언약을 마음에 새겨 지키며 살아야 했지만, 역사는 그들의 불순종과 배반의 연속이었다. 역사서는 하나님이 원하신 마음의 할례가 이루어지지 않았을 때, 어떤 결과가 따르는지를 분명히 보여준다. 사사기의 시대는 그 전형이다.

> "그 때에 이스라엘에 왕이 없으므로 사람이 각기 자기 소견에 옳은 대로 행하였더라" (삿 21:25)

이는 단순히 정치적 왕권의 부재를 말하는 것이 아니다. 그들의 마음에 하나님의 왕권이 없었음을 드러낸다. 하나님을 왕으로 모시지 않고 자기 뜻을 따라 살았기에, 이스라엘은 끊임없이 이방 민족의 압제와 혼란 속에 빠졌다.

사무엘상과 열왕기에 기록된 왕들의 이야기도 마찬가지다. 하나님은 이스라엘의 첫 왕 사울을 세우셨지만, 그는 하나님께 온전한 순종을 드리지 않았다. 하나님은 "사람은 외모를 보거니와 나 여호와는 중심을 보느니라"(삼상 16:7)라고 하시며 다윗을 택하셨다. 다윗은 완전한 사람이 아니었지만, 죄 가운데서도 마음을 찢고 회개하며 하나님께 돌아섰기에 "내 마음에 합한 사람"(행 13:22)이라 불렸다. 그러나 다윗도 십자가를 통한 마음의 할례 없이는 하나님께 순종할 수 없음을 보여준다(삼하 12:9-10). 그의 아들 솔로몬은 지혜를 받았음에도 말년에 마음을 돌려 다른 신들을 섬겼다.

결국 나라가 남북으로 나뉘게 된 것은, 이스라엘 왕들의 마음이 하나님께 속하지 않았기 때문이다.

북이스라엘은 우상숭배와 불순종으로 인해 앗수르에 멸망했고, 남유다도 바벨론에 포로로 끌려갔다. 그들의 멸망 원인은 단순히 정치적 패배가 아니라, 하나님을 떠난 마음이었다. 열왕기하 17장은 이스라엘의 멸망 이유를 이렇게 정리한다.

"그들이 듣지 아니하고 그들의 목을 곧게 하기를 … 여호와의 율례와 여호와께서 그들의 조상들과 더불어 세우신 언약과 경계하신 말씀을 버리고 허무한 것을 뒤따라 허망하며" (왕하 17:14-15)

결국 외형적으로는 언약 백성이었으나, 마음의 할례가 없었기 때문에 심판을 피할 수 없었다.

역사서는 이스라엘의 화려한 성전과 제사가 구원의 보증이 아님을 증명한다. 하나님은 언제나 백성의 마음을 보셨고, 그들의 중심이 하나님께 속하지 않았을 때 심판을 내리셨다. 아무리 많은 제사와 봉헌이 있어도, 마음이 하나님을 떠나 있었다면 그것은 헛된 행위였다.

따라서 역사서는 오늘날 우리에게 경고한다. 신앙의 외형은 있어도 마음의 할례가 없다면, 결국 무너질 수밖에 없다. 구원의 기준은 혈통도, 제도도, 형식도 아니다. 오직 하나님께 속한 마음, 십자가 앞에서 찢어진 마음, 피로 새겨진 마음의 할례만이 하나님 앞에서 인정받는 언약의 증거이다.

5장

[구약 선지서] 마음의 할례로의 강력한 부름

이스라엘의 역사는 결국 마음의 배반으로 멸망에 이르렀다. 그 과정에서 하나님은 선지자들을 보내셔서 끊임없이 백성을 경고하시며, 단순한 형식과 제사가 아닌 마음의 할례를 촉구하셨다. 선지서 전체는 하나님이 무엇을 원하시는지, 그리고 구원의 기준이 어디에 있는지를 선명하게 드러낸다.

하나님은 이사야를 통해 말씀하셨다.

> "이 백성이 입으로는 나를 가까이 하며 입술로는 나를 공경하나 그들의 마음은 내게서 멀리 떠났나니" (사 29:13)

이는 예배와 제사가 많았으나, 그들의 마음이 하나님께 속하지 않았음을 보여준다. 제사와 절기, 헌물이 아무리 화려해도 마음의 중심이 하나님께 드려지지 않으면 그것은 공허한 형식일 뿐이다. 하나님은 "나는 너희 절기와 성회가 싫다"(암 5:21)라고까지 말씀하시며, 형식적 신앙의 무용함을 드러내셨다. 하나님께서 이 예배 자체를 거부하신 이유는 그들의 마음과 삶에 진정한 신앙과 정의가 없었기 때문이다.

예레미야는 더 직접적으로 선포했다.

> "유다인과 예루살렘 주민들아 너희는 스스로 할례를 행하여 너희 마음 가죽을 베고 나 여호와께 속하라" (렘 4:4)

그는 육체적 표식이 아닌 마음의 중심이 하나님께 속하는 것이 구원의 증거임을 강조했다. 백성은 성전과 제사에 의지했으나, 하나님은 그들의 마음이 변하지 않는 한 성전조차 무너뜨리실 것이라 경고하셨다(렘 7).

에스겔 선지자는 포로된 백성들에게 하나님의 회복 약속을 전했다.

> "또 새 영을 너희 속에 두고 새 마음을 너희에게 주되 너희 육신에서 굳은 마음을 제거하고 부드러운 마음을 줄 것이며" (겔 36:26)

이 말씀은 단순한 외적 개혁이 아닌 내면의 근본적 변화, 곧 성령께서 이루실 마음의 할례를 가리킨다. 하나님은 심판 이후에도 자기 백성을 버리지 않으시고, 마음을 새롭게 하여 다시 언약 관계로 세우실 것을 약속하셨다.

선지자들은 한결같이 외적인 형식이 아니라 내적인 마음의 변화를 강조했다. 미가는 이렇게 요약했다.

> "사람아 주께서 선한 것이 무엇임을 네게 보이셨나니 여호와께서 네게 구하시는 것은 오직 정의를 행하며 인자를 사랑하며 겸손하게 네 하나님과 함께 행하는 것이 아니냐" (미 6:8)

이 모든 것은 결국 마음의 할례로 이어진다. 마음이 하나님께 꺾이지 않으면 정의도, 인자도, 겸손도 이루어질 수 없다.

선지서의 말씀은 오늘날 교회에도 동일하게 적용된다. 교회가 예배당을 세우고, 수많은 프로그램을 운영하며, 헌신과 봉사를 내세워도, 성도들의 마음이 하나님께 속하지 않았다면 그것은 심판 앞에서 아무 의미가 없다. 하나님은 지금도 중심을 보시는 분이시며, 최종적인 구원의 기준은 마음의 할례다.

6장

[신약 복음서] 예수 그리스도의 마음의 할례 성취

구약은 피와 제사, 할례를 통해 끊임없이 마음의 변화를 요구했지만, 인간은 자기 힘으로 그 요구를 채우지 못했다. 선지자들이 부르짖은 회개와 마음의 할례는 결국 예수 그리스도의 십자가 안에서 완성된다. 복음서는 이 모든 구약의 그림자가 실체로 드러나는 절정이다.

예수님은 당시 종교 지도자들의 형식적 신앙을 책망하셨다.

"이 백성이 입술로는 나를 공경하되 마음은 내게서 멀도다"
(마 15:8)

그들은 율법의 규례와 전통을 철저히 지켰으나, 정작 마음은 하나님께 속하지 않았다. 예수님은 율법의 외적 준수보다 마음의 상태가 하나님 앞에서 더 중요한 기준임을 드러내셨다.

예수님은 구원의 길이 결코 넓지 않음을 분명히 말씀하셨다.

"나더러 주여 주여 하는 자마다 다 천국에 들어갈 것이 아니요 다만 하늘에 계신 내 아버지의 뜻대로 행하는 자라야 들어가리라"
(마 7:21)

아버지의 뜻은 단순한 행위나 규범이 아니다. 그것은 마음이 죄에서 돌아서고, 하나님만을 사랑하며, 십자가 앞에서 겸손히 꺾이는 것이다. 다시 말해, 마음의 할례가 이루어진 자만이 아버지의 뜻을 행할 수 있다.

예수님은 마지막 만찬에서 떡과 잔을 들어 제자들에게 주시며 선언하셨다.

"이 잔은 내 피로 세우는 새 언약이니" (눅 22:20)

구약의 모든 피 제사와 언약은 이 순간을 가리켰다. 예수님의 흘리신 피는 단순히 죄 사함을 위한 외적 보증이 아니라, 우리의 마음 깊은 곳에 새겨져야 할 새 언약의 피였다. 이 피가 마음에 새겨질 때, 사람은 회개하며 새 사람으로 거듭난다.

예수님은 니고데모에게 "사람이 물과 성령으로 나지 아니하면 하나님의 나라에 들어갈 수 없느니라"(요 3:5)라고 말씀하셨다. 이는 단순히 세례라는 의식을 말하는 것이 아니라, 성령께서 우리의 마음에 새겨주시는 거듭남, 곧 예수의 십자가에서 흘리는 피가 자신의 마음을 찢어내며 거듭나게 되는 마음의 할례를 가리킨다. 성령으로 새롭게 된 마음만이 하나님 나라의 증표가 된다.

복음서의 절정은 예수님의 십자가이다. 그분은 단순히 육체적 고난을 겪으신 것이 아니라, 인류의 죄를 대신 지시고, 우리의 마음이 죄에 대해 찢어지고 하나님께 돌아오도록 길을 여셨다. 십자가는 외적인 제사 제도를 끝내고, 마음에 새겨지는 영원한 언약을 여신 사건이다.

십자가 앞에서 회개하지 않는 신앙은 값싼 은혜에 불과하다. 그러나 십자가 앞에서 마음이 찢어지고 "하나님, 나의 죄를 용서하소서"라는 고백이 터져 나오는 자는 새 언약의 백성이 된다. 이것이 곧 하나님께서 스스로 언약하신 구원, 곧 "에흐예 언약"이며, 새 언약의 "십자가 계명"으로 우리를 하나님께 돌아오게 하는 은혜이다. 이는 하나님이 먼저 우리를 사랑하심을 드러내는 것이며, 동시에 우리가 하나님을 사랑하고 쉬지 않고 기도하기를 요청하는 구원의 핵심이자 본질이다.

7장

[사도행전~서신서] 마음의 할례와 성령의 삶

예수 그리스도의 십자가와 부활로 새 언약이 시작되었을 때, 그 언약은 단순히 교리나 외형적 제도가 아니라 성령을 통해 예수의 피를 마음을 찢는 할례로 받아 사람들의 마음에 실제로 새겨졌다. 사도행전과 사도들의 서신은 바로 그 증거이다. 십자가의 피가 성령 안에서 마음의 할례로 적용될 때, 교회가 세워지고 성도들이 변화된 삶을 살아갔다.

오순절 성령 강림 때, 베드로의 설교를 들은 사람들은 이렇게 반응했다.

"그들이 이 말을 듣고 마음에 찔려 … 우리가 어찌할꼬 하거늘"
(행 2:37)

복음의 시작은 지식이나 감동이 아니라, 마음이 찔리는 회개였다. 그들은 세례를 받고 성령을 선물로 받아 새로운 공동체로 모였다. 초대 교회의 출발은 곧 마음의 할례가 일어난 사건이었다.

사도 바울은 끊임없이 외적 형식보다 내적 증표를 강조했다.

"오직 이면적 유대인이 유대인이며 할례는 마음에 할지니" (롬 2:29)
"할례 받는 것도 아무 것도 아니요 할례 받지 아니하는 것도 아무 것도 아니로되 오직 하나님의 계명을 지킬 따름이니라" (고전 7:19)

"하나님의 성령으로 봉사하며 그리스도 예수로 자랑하고 육체를 신뢰하지 아니하는 우리가 곧 할례파라" (빌 3:3)

바울에게 있어서 진짜 하나님의 백성은 육체에 표식을 가진 자가 아니라, 십자가 보혈로 마음에 새겨진 자였다.

히브리서는 예레미야의 예언을 인용하며 새 언약의 본질을 이렇게 정리한다.

"내 법을 그들의 생각에 두고 그들의 마음에 이것을 기록하리라" (히 8:10)

율법이 돌판에 새겨졌던 시대는 끝나고, 이제는 성령께서 하나님의 법을 마음판에 새기신다. 이것이 곧 마음의 할례다. 성령으로 말미암아 성도는 죄를 떠나고, 하나님을 사랑하며, 그리스도의 법을 따라 살게 된다.

마음의 할례는 반드시 삶의 변화로 이어진다. 바울은 성도들에게 "내가 그리스도와 함께 십자가에 못 박혔나니 그런즉 이제는 내가 사는 것이 아니요 오직 내 안에 그리스도께서 사시는 것이라"(갈 2:20)을 강조했으며, "쉬지 말고 기도하라"(살전 5:17)라고 가르쳤다. 이는 마음의 할례를 받은 자가 하나님을 사랑하는 증거로서 드러나는 실천이다. 성령의 사람은 말씀과 기도로 무장하며, 예수의 보혈을 의지하여 마귀를 이기는 삶을 살아간다.

사도 요한은 이렇게 말한다.

"우리가 사랑함은 그가 먼저 우리를 사랑하셨음이라" (요일 4:19)

마음의 할례는 단순한 금욕이나 율법적 행위가 아니라, 하나님의 사랑에 사로잡혀 살아가는 삶이다. 예수 그리스도의 보혈이 마음에 새겨질 때, 성도는 자연스럽게 하나님 사랑과 이웃 사랑을 실천하게 된다.

8장

[요한계시록] 최종 심판과 마음의 증거

성경의 마지막 책 요한계시록은 인류 역사의 종말과 하나님의 최종 심판을 보여준다. 이 책에서 드러나는 구원의 기준은 분명하다. 하나님은 외형적 종교 행위나 입술의 고백이 아니라, 마음의 상태, 곧 십자가 보혈로 새겨진 마음의 할례를 보신다.

마음을 살피시는 하나님

부활하신 예수님은 요한계시록 초반 일곱 교회를 향한 말씀 속에서 이렇게 선포하신다.

"나는 사람의 뜻과 마음을 살피는 자인 줄 알지라" (계 2:23)

이는 종말의 심판대에서 하나님이 가장 먼저 확인하실 것이 사람의 마음임을 분명히 보여준다. 교회의 외적 화려함이나 사역의 규모가 아니라, 십자가 앞에서 찢긴 마음, 회개로 돌아온 마음, 하나님만을 사랑하는 마음이 구원의 증거가 된다.

하나님의 인과 짐승의 표

요한계시록의 중요한 주제는 짐승의 표와 하나님의 인이다. 짐승의 표는 세상과 타협한 마음의 상태를 드러내고, 하나님의 인은 성도의 이마에 새겨진 하나님의 소유의 증표다.

"또 내가 보니 보라 어린 양이 시온 산에 섰고 그와 함께 십사만 사천 이 서 있는데 그들의 이마에는 어린 양의 이름과 그 아버지의 이름을 쓴 것이 있더라" (계 14:1)

이마에 기록된 하나님의 이름은 곧 마음에 새겨진 하나님의 법을 의미한다. 이는 구약에서 예언된 "내 법을 그들의 생각에 두고 그들의 마음에 이것을 기록하리라"(히 8:10)의 성취이다.

생명책에 기록된 자

요한계시록은 최종 구원의 기준을 "생명책"에 기록된 자로 제시한다.

"누구든지 생명책에 기록되지 못한 자는 불못에 던져지더라" (계 20:15)

생명책에 이름이 있다는 것은 단순한 교회 등록부가 아니라, 마음의 할례를 받은 자, 십자가 보혈로 새 언약을 마음에 기록한 자라는 뜻이다.

새 하늘과 새 땅의 백성

마지막으로 요한계시록은 새 하늘과 새 땅에서 하나님과 함께 거할 자들을 보여준다.

"모든 눈물을 그 눈에서 닦아 주시니 다시는 사망이 없고 애통하는 것이나 곡하는 것이나 아픈 것이 다시 있지 아니하리니 처음 것들이

다 지나갔음이러라” (계 21:4)

그곳에 들어가는 백성은 단순히 ‘예수님을 믿는다’는 입술의 고백만 가진 자가 아니다. 오직 십자가 보혈로 마음이 찢어져 회개한다. 그들은 새 언약으로 하나님의 사랑을 마음에 기록한 자들이다. 또한 그 사랑을 입술로 고백하며 쉬지 않고 기도한다. 그들의 마음의 할례가 곧 영원한 구원의 증거가 된다.

9장

결론

창세기에서 요한계시록까지, 성경 전체의 메시지는 한 줄기로 이어진다.

- 아담과 하와의 가죽옷에서 시작된 피의 언약
- 율법과 제사 속에 담긴 마음의 요구
- 역사와 선지자들의 경고
- 예수 그리스도의 십자가에서 완성된 새 언약
- 사도행전과 서신서를 통해 드러난 성령의 마음 기록
- 그리고 요한계시록의 최종 심판과 영원한 구원

그 모든 길은 결국 마음의 할례라는 하나의 중심으로 모인다. 하나님은 처음부터 끝까지 외형이 아닌 마음을 보셨으며, 십자가 보혈로 마음이 찢어져 새 언약을 받아들인 자만을 구원의 백성으로 인정하신다.

성경 전체를 마음의 할례로 보는 도표

구분	핵심 사건/본문	메시지	마음의 할례 관점
서론	창 3:21, 레 17:11, 히 9:22	피는 생명, 피 없이는 사함 없음	십자가의 피가 마음에 새겨져야 구원
창세기	가죽옷(창 3:21), 노아 제사(창 8:20), 아브라함 할례(창 17), 야곱의 씨름(창 32)	죄는 마음에서 시작, 언약의 표징은 피	피로 시작된 언약 > 마음의 증거 필요
구약 율법서	유월절(출 12), 시내산 언약(출 19), "마음에 할례"(신 10:16; 30:6)	율법은 외형 아닌 중심 요구	인간의 무능 드러내고, 십자가 필요성 계시
구약 역사서	사사기: 자기 소견(삿 21:25), 사울/다윗(삼상 16:7), 열왕기 멸망	마음 배반이 멸망의 원인	하나님은 중심을 보심, 회개 없는 제도 무용
구약 선지서	이사야 29:13, 예레미야 4:4, 에스겔 36:26, 미가 6:8	외식과 형식 제사 꾸짖음, 새 마음 약속	구원의 기준은 중심, 성령이 새 마음 주심
신약 복음서	마 7:21, 마 15:8, 눅 22:20(새 언약의 피), 요 3:5(거듭남)	십자가에서 새 언약 완성, 부활하시어 보내주신 성령의 시대 시작	십자가의 피가 마음에 새겨질 때 구원 성취
사도행전~서신서	행 2:37(마음에 찔림), 롬 2:29, 고전 7:19, 히 8:10, 빌 3:3	주님이 성부와 하나되어 보내신 성령이 법을 마음에 기록, 회개와 기도, 사랑	마음의 할례는 성령의 삶과 열매로 나타남
요한계시록	계 2:23(마음 살피심), 계 14:1(하나님의 인), 계 20:15(생명책), 계 21:4(새 하늘, 새 땅)	최종 심판의 기준은 예수의 피로 인하여 마음에서 나오는 마음의 할례	마음의 할례를 받은 자만 최종 구원
결론	성경 전체 요약	창세기부터 계시록까지 한 줄기 > 마음의 할례	구원 = 새 언약 십자가 보혈이 마음에 새겨짐, 기도와 사랑의 삶으로 열매

2권

피로 보는 성경의 산맥과 초점

성경을 중심으로 — 피와 제사

서문

I. 피는 성경의 심장이다

하나님이 인간의 마음에 새겨 넣으신 생명의 언약

성경을 처음부터 끝까지 관통하는 하나의 단어가 있다. 그것은 '피'이다. 성경 안에서 피는 하나님의 마음, 곧 사랑과 생명, 그리고 구속의 언약의 언어이다. 하나님은 인간의 죄를 보시며 피를 요구하셨고, 그 피 안에서 생명을 약속하셨다.

"육체의 생명은 피에 있음이라" (레 17:11)

이 말씀은 단순한 생물학적 사실이 아니다. 하나님은 생명을 피에 두셨고, 피를 통해 죄를 씻으며, 그 피로 사람의 마음을 새롭게 만드신다. 그러므로 피는 성경의 심장이며, 신앙의 생명선이다.

피는 하나님의 사랑의 언어이다

창세기에서 하나님은 타락한 인간을 위해 짐승을 죽이시고, 그 가죽으로 옷을 지어 입히셨다(창 3:21). 이것이 인류 역사상 첫 번째 피의 사건이었다. 그 피에는 단죄가 아니라 사랑의 마음이 담겨 있었다. 하나님은 죄를 덮으시며, 그 피로 인간에게 다시 살 기회를 주셨다.

이 사건은 단순한 '보호'가 아니라, 십자가의 예표였다. 하나님은 이미 그때, 언젠가 자신이 피를 흘려 인간의 수치를 영원히 덮으실 것을 약속하신 것이다. 즉, 피는 형벌이 아니라 하나님의 품으로 돌아오라는 초대장이었다. 그 초대가 점점 구체화되며, 성경 전체를 하나의 구속의 이야기로 엮는다.

피는 죄를 드러내고 동시에 덮는다

피는 언제나 죄를 전제로 한다. 죄가 없었다면 피의 언약도 필요하지 않았을 것이다. 그러나 인간이 죄를 지었을 때, 하나님은 율법으로 정죄하지 않고 피로 용서와 회개의 길을 여셨다. 피는 죄를 '덮는' 동시에 죄를 '드러내는' 역할을 한다. 왜냐하면 피 앞에서는 자기 의가 사라지기 때문이다. 피는 인간의 행위가 아닌 하나님의 은혜로만 속죄가 이루어진다는 증거이다.

그러나 피는 결코 값싼 은혜가 아니다. 그 피를 흘리기 위해 하나님 자신이 희생당하신 사랑의 대가이기 때문이다.

피는 율법을 넘어선 사랑의 법이다

구약의 제사 제도는 피 없이는 접근할 수 없었다. 그러나 그 피는 완전한 속죄가 아니라 그리스도의 피를 기다리는 예표였다. 율법은 인간에게 죄를 알게 했지만, 구원은 주지 못했다. 그렇기에 하나님은 율법 위에 사랑의 피의 법을 세우셨다.

"이것은 … 나의 피 곧 언약의 피니라" (마 26:28)

예수께서 하신 이 말씀은 율법의 시대가 끝나고, 마음의 시대, 곧 새 언약의 시대가 열렸음을 선포한 것이다. 그분은 더 이상 돌판에 명령을 새기지 않고, 자신의 피로 사람의 마음에 법을 새기셨다. 피는 이제 법이 되었고, 그 법은 사랑으로 완성된다.

그래서 바울은 말한다.

"너희가 짐을 서로 지라 그리하여 그리스도의 법을 성취하라" (갈 6:2)

이 법은 강요가 아닌 감동이며, 명령이 아닌 헌신이다. 하나님의 사랑이 피로 우리 마음에 새겨졌을 때, 우리는 억지가 아니라 기쁨으로 순종하는 새 언약의 사람이 된다.

피는 마음에 새겨지는 하나님의 사인(Sign)이다

성경에서 하나님은 항상 "언약의 표"를 주셨다. 노아의 무지개, 아브라함의 할례, 모세의 율법, 그리고 예수의 십자가. 그러나 이 모든 표는 마지막 언약, 즉 마음의 피의 사인(Sign)으로 완성된다.

"내가 나의 법을 그들의 속에 두며 그들의 마음에 기록하여"
(렘 31:33)

이 말씀은 구원의 비밀을 요약한 선언이다. 하나님은 돌에 새기지 않으시고, 사람의 마음에 새기신다. 그때 사용된 잉크가 바로 예수 그리스도의 피이다. 그 피가 내 마음에 새겨질 때, 나는 단순히 "죄 용서받은 자"가 아니라, 하나님의 마음을 품은 자가 된다.

그 피가 회개의 눈물을 일으키고, 그 피가 성령의 통치를 가능하게 한다. 그래서 피는 단순한 사건이 아니라 내면의 할례, 즉 하나님의 마음이 내 안에 새겨지는 영적 변화이다.

피 없는 신앙은 지식이고, 피 있는 신앙은 생명이다

오늘날의 교회는 피의 언약을 '이론'으로만 남겨두었다. '예수의 피로 죄 사함 받았다'는 말은 입술에 있지만, 그 피가 마음을 찢는 회개와 변화로 이어지지 않는다.

그러나 성경의 구원은 단순히 믿음의 동의가 아니다. 그 피를 먹고, 마시고, 마음에 새기는 것이다. 예수께서 말씀하셨다.

> "내 살을 먹고 내 피를 마시는 자는 내 안에 거하고 나도 그의 안에 거하나니" (요 6:56)

'믿는다'는 것은 머리의 고백이고, '마신다'는 것은 마음의 체험이다. 피 없는 교리는 머리의 종교이고, 피로 새겨진 신앙은 하나님과의 관계적 사랑이다. 그러므로 교회의 회복은 다시 피로 돌아가는 일, 즉 십자가의 마음을 내 안에 새기는 일에서 시작된다.

피는 성령의 통로이자 기도의 능력이다

피가 내 안에 새겨질 때, 성령이 임하신다. 성령은 예수의 피를 마음에 적용시키는 하나님의 손이시다. 그래서 피와 성령은 결코 분리되지 않는다. 성령은 피로 씻긴 마음에만 거하신다. 그 마음은 기도의 사람으로 변한다. 왜냐하면 피로 산 자는 하나님을 사랑하지 않을 수 없기 때문이다.

기도는 더 이상 소원의 표현이 아니라, 하나님과 피의 관계를 교통하는 시간이다. 그래서 새 언약의 기도는 "하나님 사랑합니다"의 고백이며, 예수의 보혈을 부르며 마음을 지키는 경건의 훈련이다. 그 기도가 1.24.1 골방기도운동의 근거이며, "피로 살아가는 신앙"의 실제적 실천이 된다.

피는 하나님의 마음이고, 성경의 심장이다

피는 단순한 구원의 조건이 아니라 하나님의 마음의 표현이다. 그 피는 죄인을 정죄하기 위해서가 아니라, 다시 품기 위해 흘리신 사랑의 대가이다. 성경 전체의 피의 흐름은 하나님의 마음이 인간에게 흘러 들어오는 통로이며, 결국 예수의 십자가에서 완성된다.

“피는 하나님의 마음이다. 그 마음이 내 안에 새겨질 때, 나는 새 언약의 사람이 된다.” 피가 흐르면 교회는 살아난다. 피가 멈추면 신앙은 죽는다. 그러므로 우리는 다시 피로 돌아가야 한다. 그 피가 회개의 눈물이 되어 흐르고, 그 피가 사랑의 열매로 맺힐 때, 그때 성경은 다시 살아 움직이는 하나님의 말씀이 된다.

“피는 성경의 심장이다. 피는 하나님이 인간에게 주신 마지막 언어이며, 그 피를 마음에 새기는 자가 새 언약의 성전이 된다.”

Ⅱ. 피는 새 언약의 시작이다

성경은 한 권의 책이 아니라, 하나님의 피로 쓰인 언약서다.
창세기에서 흘린 한 마리의 짐승의 피,
출애굽기의 문설주 위의 피,
시내산의 언약의 피,
시편의 회개의 피,
선지서의 통곡의 피,
복음서의 십자가의 피,
사도행전의 순교의 피,
바울서신의 마음의 피,
그리고 요한계시록의 생명수로 이어지는 피.

이 피의 흐름이 바로 성경의 산맥이다. 모든 말씀은 그 피를 중심으로 흘러가고, 모든 구원은 그 피 안에서 완성된다.

하나님은 말씀으로 창조하시고, 피로 구원하셨다

"태초에 하나님이 말씀으로 천지를 창조하셨다."

그 말씀은 생명이었고, 그 생명은 결국 피로 나타났다. 말씀은 창조의 언어였고, 피는 구원의 언어였다. 하나님은 말씀으로 세상을 세우셨지만, 피로 세상을 다시 새롭게 하셨다. 이 피는 인간의 죗값을 치르는 희생의 피이기 전에, 하나님 자신의 마음이 흘린 사랑의 피였다.

성경은 피로 된 구속사

성경의 모든 언약은 피로 연결되어 있다. 아담의 가죽옷, 아브라함의 제물, 출애굽기의 어린양, 시내산의 언약, 다윗의 회개, 선지자들의 외침, 그리고 십자가의 피까지 모두 한 줄기의 피의 강을 이룬다. 하나님은 그 피를 통해 자신의 마음을 인간에게 새기셨다. 그래서 피는 단순히 제사의 상징이 아니라, 하나님과 사람 사이의 마음의 언어이다.

새 언약은 피로 마음에 새겨진 법

예레미야는 "내 법을 그들의 마음에 기록하리라"(렘 31:33)라고 예언했고, 예수께서는 "이 잔은 내 피로 세운 새 언약"(마 26:28)이라 선언하셨다. 즉, 새 언약은 돌판이 아니라 마음판에 새겨진 피의 법이다. 그 피가 마음에 새겨질 때 율법은 의무가 아니라 사랑이 되고, 종교는 제도가 아니라 생명이 된다. 이것이 바로 마음의 할례요, 하나님이 원하신 참된 구원의 기준이다.

새 언약 신앙은 피로 살아가는 신앙이다

믿음은 단순한 동의가 아니라 피의 관계이다. 십자가의 예수를 바라보는 신앙이 아니라, 그분의 피가 내 마음 안에 새겨지는 신앙이다. 그래서 진짜 구원은 "피를 본 자"가 아니라, "피를 먹은 자"에게 있다.

예수께서 말씀하셨다.

"내 살은 참된 양식이요 내 피는 참된 음료로다" (요 6:55)

그 피를 먹는다는 것은 그분의 마음을 내 안에 모시는 것이다. 그 피가 내 안에 있을 때, 나는 더 이상 세상의 법이 아니라 그리스도의 법, 곧 사랑의 법으로 산다.

이 책의 목적

이 책은 하나님의 마음의 통찰을 담고 있다. 성경 전체를 하나의 피의 언약으로 보고, 그 피가 어떻게 인간의 마음으로 옮겨져 새 언약으로 완성되는지를 따라간다. 창세기에서 요한계시록까지 이어지는 이 여정은, 하나님이 우리에게 들려주시는 단 한마디로 귀결된다. “나는 너를 피로 사랑한다. 피는 구원의 생명이다. 너는 십자가 나의 피로 마음을 찢는 피를 내라. 그것이 너의 증거가 된다.”

1장

[창세기] 피의 시작과 언약의 씨앗

가죽옷의 피, 믿음의 제사, 그리고 마음의 할례의 서막

1. 인류의 첫 피, 사랑의 가죽옷

창세기는 피의 이야기로 시작된다. 에덴동산에서 인간이 하나님의 명령을 어기고 스스로 선악을 판단한 순간, 죄는 마음의 생명을 죽였다. 그때 하나님은 단죄보다 먼저 피의 은혜를 베푸셨다.

> "여호와 하나님이 아담과 그의 아내를 위하여 가죽옷을 지어 입히시니라" (창 3:21)

이 구절은 단순한 보호의 장면이 아니다. 그 가죽옷을 만들기 위해 한 생명의 피가 흘러야 했다. 즉, 하나님이 처음으로 제물을 잡으시고, 인간의 수치를 덮으신 것이다.

가죽옷은 피로 덮인 사랑의 상징이다. 하나님은 인간의 죄를 폭로하지 않으시고, 그 피로 덮으셨다. 이것이 피의 시작이며, 구속의 최초의 은혜였다. 이 피의 행위는 훗날 십자가의 모형이 된다. 하나님은 인간에게 "너의 부끄러움을 내 피로 덮겠다"라는 약속을 주셨다. 그때 이미 새 언약의 씨앗이 뿌려졌다. 그 씨앗은 창세기의 첫 제사로 이어진다.

2. 아벨의 제사 - 피로 드린 믿음의 시작

> "아벨은 자기도 양의 첫 새끼와 그 기름으로 드렸더니 여호와께서 아

벨과 그의 제물은 받으셨으나 가인과 그의 제물은 받지 아니하신지 라"(창 4:4-5)

아벨의 제사는 피가 있었다. 가인의 제사는 곡식, 즉 인간의 수고와 행위였다. 하나님은 피가 있는 제사만 받으셨다. 왜냐하면 피는 인간의 의를 내려놓고 하나님의 은혜를 의지하는 믿음의 고백이기 때문이다. 아벨의 제단은 피로 드려진 회개의 제단이었고, 가인의 제단은 자기의 열매를 드린 행위의 제단이었다. 이 두 제단은 지금도 신앙의 두 길을 보여준다. '피 없는 예배'는 인간 중심의 종교로 흐르고, '피 있는 예배'는 하나님의 마음을 깨닫는 믿음으로 이어진다. 히브리서는 이를 이렇게 증언한다.

"믿음으로 아벨은 가인보다 더 나은 제사를 하나님께 드림으로" (히 11:4)

믿음이란 곧 피를 의지하는 것이다. 즉, 피의 제사는 행위의 제사가 아니라 마음의 제사였다. 이 피의 제단에서 하나님은 "믿음의 피"를 기뻐하셨다.

3. 노아의 제단 - 피로 드린 순종

홍수 후 노아는 제단을 쌓고 정결한 짐승으로 번제를 드렸다.

"노아가 여호와께 제단을 쌓고 모든 정결한 짐승과 모든 정결한 새 중에서 제물을 취하여 번제로 제단에 드렸더니"(창 8:20)

이때 하나님은 그 향기를 흠향하시고 다시는 인간을 멸하지 않겠다고 약속하셨다. 노아의 피의 제사는 단지 감사가 아니라 구속의 언약의 갱신이었다. 홍수 이전의 세상은 피 없는 세상이었다. 폭력과 탐욕으로 가득했지만,

회개의 피가 없었고, 하나님을 경외하는 제단이 사라졌었다. 그러나 노아의 제단 위에서 다시 피가 흘렀다. 그 피는 "심판에서 건져낸 생명"의 상징이었다. 즉, 피는 하나님의 진노를 멈추게 하는 언약의 중재자였다.

이제 하나님은 노아와 언약을 세우시며 무지개를 주셨다. 무지개는 하늘의 표, 그러나 피는 여전히 땅 위의 언약의 표였다. 하늘과 땅이 만나는 곳, 바로 피의 제단이었다.

4. 아브라함의 언약 - 믿음의 피, 순종의 피

아브라함은 피의 신앙의 결정적 인물이다. 하나님은 아브라함에게 언약을 세우시며 이렇게 명하셨다.

> "너희 중 남자는 다 할례를 받으라 … 이것이 나와 너희 사이의 언약의 표징이니라" (창 17:10-11)

이 할례는 단순한 의식이 아니라 피로 맺은 언약의 계약이었다. 할례의 피는 '육체의 일부를 잘라내는 고통'을 통해 '하나님께 속한 존재로 살겠다'는 신앙의 서약이었다. 그러나 이 피의 언약은 궁극적으로 마음의 할례, 즉 내면의 변화를 예표한다. 바울은 훗날 말한다.

> "할례는 마음에 할지니 영에 있고 율법 조문에 있지 아니한 것이라" (롬 2:29)

즉, 하나님이 원하신 것은 피의 흔적이 아니라, 그 피로 인한 마음의 변화였다. 아브라함이 이삭을 바칠 때, 그는 피의 순종을 완성했다.

"네 아들 네 사랑하는 독자 이삭을 데리고 … 그를 번제로 드리라" (창 22:2)

그때 하나님은 말씀하셨다.

"이제야 네가 하나님을 경외하는 줄을 아노라" (창 22:12)

피를 흘리지 않았지만, 마음의 피가 흘렀다. 자기 아들을 드리겠다는 그 마음의 찢김이 바로 믿음의 순종이었다. 아브라함의 제물의 피는 결국 하나님의 아들 예수의 피로 완성된다. 즉, 믿음의 순종은 피 없는 고백이 아니라, 하나님의 뜻을 위해 자신을 드리는 내면의 할례의 증거였다.

5. 야곱과 요셉 - 피의 가문, 마음의 언약으로 이어지다

야곱의 인생에는 피의 흔적이 있다. 그는 형 에서를 속이고 장자의 축복을 빼앗았지만, 그 후 얍복나루에서 하나님의 사자와 씨름하며 자신의 껍질이 찢기는 영적 피의 싸움을 경험했다.

"야곱은 홀로 남았더니 어떤 사람이 날이 새도록 야곱과 씨름하다가 … 그가 야곱의 허벅지 관절을 치매 야곱의 허벅지 관절이 … 어긋났더라" (창 32:24-25)

야곱의 허벅지 관절이 어긋난 사건은 나의 힘을 빼고 하나님의 주권을 인정하며 거듭나게 된 영적 모습이다. 야곱의 고집이 꺾이고 하나님의 통치를 받아들이는 마음의 할례의 예표였다. 하나님은 야곱을 이스라엘로 바꾸시며 "너는 이제 나의 사람이다"라 하셨다. 즉, 야곱의 혈통이 아니라, 하나님의 피의 언약으로 태어난 영적 민족이 된 것이다.

요셉 또한 피의 언약의 통로였다. 그의 형제들이 그를 구덩이에 던지고 짐승의 피로 거짓을 꾸몄다(창 37:31). 그 피의 속임은 훗날 참된 피의 구속으로 대조된다. 요셉은 억울한 피의 피해자였지만, 그의 삶은 하나님의 구속 계획의 그림이었다.

"당신들은 나를 해하려 하였으나 하나님은 그것을 선으로 바꾸사…"
(창 50:20)

하나님은 거짓 피를 진짜 피로 바꾸셨다. 요셉의 인생은 복수의 피가 아니라 용서의 피, 즉 그리스도의 마음을 닮은 피의 구속사였다.

6. 결론 - 피는 약속의 씨앗이다

창세기는 피로 시작해 피로 끝난다. 아벨의 피는 울부짖었고(창 4:10), 요셉의 유골은 미래의 약속을 증거했다(창 50:25). 이 모든 피의 이야기는 단 하나의 결론을 향한다. 하나님은 피로 사람의 마음에 새 언약의 씨앗을 심으셨다. 이 씨앗은 구약 출애굽기의 제사로 자라나고, 신약 복음서의 십자가에서 열매 맺는다. 피는 단순한 속죄의 수단이 아니라, 하나님의 마음을 인간 안에 심는 방법이었다. 그 피는 생명이고, 사랑이고, 언약이다.

"창세기는 피의 시작이다. 하나님은 피로 인간을 덮으시고, 피로 믿음을 세우시며, 피로 마음의 언약을 심으셨다."

2장

[출애굽기~신명기] 율법과 제사의 피, 언약의 표

하나님이 피로 경계선을 세우시고, 언약의 백성을 구별하셨다

1. 피로 세워진 구원의 문 - 유월절의 어린양

출애굽기의 시작은 피 없는 인간의 절규와, 피로 응답하시는 하나님의 구원으로 열린다. 하나님은 애굽의 종살이 속에서 신음하는 백성을 권능이 아닌 피의 표로 구원하셨다.

> "그 피가 너희가 사는 집에 있어서 너희를 위하여 표적이 될지라 내가 그 피를 볼 때에 너희를 넘어가리니 재앙이 너희에게 내려 멸하지 아니하리라" (출 12:13)

이 피는 단순한 구원의 상징이 아니라, 하나님의 심판이 지나가는 표, 곧 생명과 죽음의 경계선이었다. 하나님은 피가 발린 문을 보고 "넘어가셨다"(פסח, pasach). 이것이 '유월(逾越)'이라는 말의 본래 의미이다.

피를 본 자를 넘어가신다. 이 장면은 구원의 본질을 요약한다. 하나님은 혈통이나 행위가 아니라, 피의 표가 있는 자만을 구원하셨다. 피가 없는 곳에는 심판이 임했다. 즉, 피는 구원의 조건이자 하나님과 인간을 가르는 기준선이었다. 이때부터 피는 하나님의 백성의 정체성을 결정짓는 언약의 표가 된다.

2. 시내산 언약 - 피로 인준된 율법

애굽에서 구원받은 백성은 시내산으로 인도되었다. 하나님은 그곳에서 "율법"을 주시며, 그 율법을 피로 인준하셨다.

> "모세가 그 피를 가지고 백성에게 뿌리며 이르되 이는 여호와께서 이 모든 말씀에 대하여 너희와 세우신 언약의 피니라" (출 24:8)

이 장면은 율법 언약의 핵심이다. 하나님은 단순히 명령을 주신 것이 아니라, 피로 백성과의 관계를 묶으셨다. 피는 계약서의 '서명'이었다. 즉, 율법은 피로 세워진 법이며, 그 피가 사라질 때 법은 생명을 잃는다.

그러나 이 언약의 구조에는 이미 한계가 있었다. 백성은 겉으로는 피를 받았으나, 그 피가 마음에 새겨지지 않았다. 그들은 피를 보았지만, 피의 의미를 몰랐다. 그래서 율법은 결국 "거울"이 되었다. 죄를 보여주지만, 고칠 수는 없었다. 이 한계는 훗날 십자가의 새 언약을 예비하는 그림자였다.

3. 제사 제도의 시작 - 피로 덮는 죄의 임시방편

하나님은 모세를 통해 제사의 규례를 세우셨다. 그 중심은 언제나 피였다.

> "내가 이 피를 너희에게 주어 제단에 뿌려 너희의 생명을 위하여 속죄하게 하였나니" (레 17:11)

제사장의 손에서 짐승의 피는 흘렀고, 그 피는 제단 위에 뿌려졌다. 피는 죄를 씻지 못했지만, 하나님의 진노를 덮는 역할을 했다. 즉, 피는 용서의 근거가 아니라 은혜의 유예였다. 하나님은 "진짜 피", 곧 그리스도의 피를 기다리고 계셨던 것이다.

제사 제도는 피의 반복이었고, 그 반복은 인간의 무능을 드러내는 예언이었다. 피는 계속 흘러야 했지만, 그 피는 사람의 마음을 바꾸지 못했다.

이제 하나님은 이스라엘에게 "피 없는 예배의 위험"을 보여주셨다. 형식만 남은 제사는 하나님의 마음을 잃은 종교로 전락했다.

"나는 숫양의 번제와 살진 짐승의 기름에 배불렀고 나는 수송아지나 어린 양이나 숫염소의 피를 기뻐하지 아니하노라" (사 1:11)

하나님은 피를 원하셨지만, 그보다 더 깊이 마음의 피, 즉 회개의 피를 원하셨던 것이다.

4. 아론과 제사장 - 피의 중보자의 모형

하나님은 제사장의 직분을 세우시며, 그들에게 먼저 피로 거룩하게 하는 의식을 행하셨습니다.

"모세가 잡고 그 피를 가져다가 아론의 오른쪽 귓부리와 그의 오른쪽 엄지 손가락과 그의 오른쪽 엄지 발가락에 바르고" (레 8:23)

이는 단순한 의식이 아니라, "듣는 것, 행하는 것, 걷는 것"이 모두 피 안에서 구별되어야 함을 상징했다. 즉, 피는 삶 전체를 거룩하게 구분하는 표였다. 이 제사장 제도는 훗날 예수 그리스도의 대제사장직으로 완성된다. 히브리서는 이 사실을 선언한다.

"염소와 송아지의 피로 하지 아니하고 오직 자기의 피로 영원한 속죄를 이루사 단번에 성소에 들어가셨느니라" (히 9:12)

구약의 제사장은 피를 '들고 갔지만', 예수는 자신의 피를 '흘리셨다'. 이 차이는 인간 종교와 하나님의 사랑의 차이이다.

5. 광야의 피 없는 반역 - 불순종의 경고

하나님은 피로 구속한 백성을 광야에서 시험하셨다. 그러나 그들은 피의 은혜를 잊었다.

> "그들이 순종하지 아니하며 귀를 기울이지도 아니하고 각각 그 악한 마음의 완악한 대로 행하였으므로" (렘 11:8)

광야는 인간의 죄성이 드러나는 장소였다. 피로 덮어 주신 하나님을 잊자, 그들은 곧 우상을 만들고 불평했다. 그들의 마음은 여전히 피 없는 율법 신앙이었다. 하나님은 그들을 징계하시며, "피 없는 믿음은 죽은 신앙"임을 보여주셨다. 광야의 끝에서 모세는 마지막 유언처럼 외친다.

> "너희는 마음에 할례를 행하고 다시는 목을 곧게 하지 말라"
> (신 10:16)

그는 이미 알고 있었다. 짐승의 피로는 사람의 마음이 바뀌지 않는다는 것을. 그래서 그는 마지막으로 "마음의 피의 언약"을 예언했다.

6. 피의 율법과 마음의 법

출애굽기에서 신명기에 이르는 여정은 피가 율법의 겉을 덮는 이야기이다. 그러나 하나님은 그 피를 마음 안으로 옮기시려 하셨다. 율법은 경계였고, 피는 은혜였다. 그러나 사람은 피를 지식으로, 율법을 습관으로 바꾸어

버렸다. 그래서 하나님은 선지자들을 보내셨다.

> "내가 인애를 원하고 제사를 원하지 아니하며 번제보다 하나님을 아는 것을 원하노라 그들은 아담처럼 언약을 어기고 거기에서 나를 반역하였느니라" (호 6:6-7)

이 말씀은 출애굽기의 피를 예레미야의 새 언약으로 연결시키는 선언이다. 즉, 피의 율법은 결국 마음의 법으로 완성되어야 했다.

7. 결론 - 피는 언약의 표, 마음은 언약의 자리

출애굽기에서 신명기에 이르는 모든 율법의 여정은 피가 없으면 죽고, 피가 있어도 마음이 없으면 형식이 되는 하나님의 신앙 질서를 보여준다. 하나님은 피로 백성을 세우셨지만, 그 피가 마음에 새겨지지 않으면 그 백성은 여전히 종이었다. 그러므로 모세의 율법은 예수의 새 언약을 향한 예비 언약이었다.

하나님은 돌판에서 마음으로, 피의 제단에서 십자가로 이동하셨다.

> "모세가 그 피를 가지고 백성에게 뿌리며 이르되 이는 여호와께서 이 모든 말씀에 대하여 너희와 세우신 언약의 피니라" (출 24:8)
> "이것은 죄 사함을 얻게 하려고 많은 사람을 위하여 흘리는 바 나의 피 곧 언약의 피니라" (마 26:28)

하나님은 같은 말을 하셨다. 그러나 첫 번째는 동물의 피로, 두 번째는 마음에 새기는 예수의 피로 언약하셨다.

“출애굽기~신명기는 피로 세워진 율법의 언약이다. 그러나 그 피가 마음에 새겨질 때, 율법은 사랑의 법으로 변하고, 백성은 종이 아닌 하나님의 자녀가 된다.”

3장

[사사기~열왕기] 피를 잊은 세대와 타락의 역사

피 없는 신앙은 형식이 되고, 피를 잊은 민족은 멸망한다

1. 하나님 없는 시대, 피 없는 시대

출애굽의 피와 시내산의 언약이 선명히 새겨졌던 세대가 지나가자, 이스라엘은 다시 자기 소견에 옳은 대로 행하기 시작했다. 사사기의 서두는 피를 잊은 시대의 영적 진단서와 같다.

"그 때에 이스라엘에 왕이 없으므로 사람이 각기 자기의 소견에 옳은 대로 행하였더라" (삿 21:25)

이 구절은 단순히 정치적 공백을 말하지 않는다. '왕이 없다'는 것은 하나님을 왕으로 모시지 않는 시대, 즉 피의 통치를 잃어버린 시대를 뜻한다.

이스라엘은 피로 세워진 언약 백성이었지만, 그 피가 마음에서 사라지자 신앙은 외형만 남았다. 제사는 여전히 드렸으나, 그들의 예배는 피 없는 형식이었다.

그 결과, 제단은 남아 있었지만 제단 위의 피는 더 이상 회개의 상징이 아니었다. 사람의 열심과 계산이 하나님 대신 자리 잡은 것이다.

2. 사사기의 순환 - 피를 잊을 때마다 죄가 다시 흐른다

사사기의 구조는 단순하지만 무섭다.

① 범죄 → ② 징계 → ③ 회개 → ④ 구원 → ⑤ 다시 범죄

이 순환은 하나님이 '피 없는 회개는 오래가지 않는다'는 사실을 보여주는 역사적 증거다. 이스라엘은 고통 중에 하나님을 찾지만, 그 회개는 감정적인 후회일 뿐, 피로 새겨진 회개가 아니었다. 피의 제단에서 진정한 회개는 자기의 죄를 미워하고, 그 피가 나를 대신해 흘러야 했음을 깨닫는 데서 시작된다.

그러나 사사 시대의 백성은 피를 이용했을 뿐, 그 피의 의미를 몰랐다. 그래서 죄의 순환은 멈추지 않았다.

"이스라엘 자손이 또 여호와의 목전에 악을 행하니라"
(삿 3:12, 4:1 등 반복)

이 문장은 사사기의 후렴이자 피 없는 종교의 반복이다. 하나님은 피를 통해 언약을 지키시지만, 사람은 피를 잊을 때마다 언약을 배반한다.

3. 사무엘의 시대 - 피의 경고와 왕의 요청

하나님은 사무엘을 통해 다시 한번 피의 언약을 상기시키셨다. 사무엘은 백성에게 외쳤다.

"너희가 과연 이 모든 악을 행하였으나 여호와를 따르는 데에서 돌아서지 말고 오직 너희의 마음을 다하여 여호와를 섬기라" (삼상 12:20)

그는 백성의 마음이 하나님께 멀어졌음을 알았다. 이스라엘은 하나님이 아닌 보이는 왕을 원했다. 이것이 피의 언약을 거부한 두 번째 죄였다. 하나님은 왕 제도를 허락하시면서도 경고하셨다.

"너희가 나를 버리고 왕을 구하였도다" (삼상 10:19 요약)

이스라엘은 피로 통치받는 백성이 아니라, 사람의 권력으로 다스림받는 민족이 되었다. 그때부터 피의 신앙은 제도의 신앙으로 변질되었다. 사무엘은 백성을 대신하여 피의 제사를 드리며 울었다. 그 눈물은 선지자의 피였다.

그는 알았다. 백성이 피를 잊을 때마다 하나님이 마음을 찢으신다는 것을.

4. 다윗의 회개 - 피의 신앙의 회복

하나님은 피를 잊은 세대 가운데 한 사람을 일으키셨다. 그가 바로 다윗이다. 그는 제사보다 마음의 피를 드린 사람이다.

"하나님께서 구하시는 제사는 상한 심령이라" (시 51:17)

그의 회개는 단순한 뉘우침이 아니라, 피를 부르는 회개였다.

"우슬초로 나를 정결하게 하소서" (시 51:7)

다윗은 율법의 형식을 떠나 하나님의 피의 마음을 붙잡았다. 그는 알았다. 자기 죄를 덮을 수 있는 것은 피밖에 없음을. 그래서 그는 제단의 피를 드리는 자가 아니라, 마음의 제단에서 피의 회개를 드리는 자가 되었다.

그러나 그는 아직 십자가의 피로 마음이 새겨지는 '마음의 할례'를 알지 못했다. 그 말년의 비극은 바로 새 언약의 할례를 준비하는 과정이었다. 다윗은 피의 회개를 통하여 새 언약의 문턱까지 다가간 사람이었다. 율법으로는 완전하게 될 수 없었음을 알려주는 예표의 역할이었다.

5. 솔로몬과 분열의 시대 - 피 없는 번영의 신앙

다윗의 아들 솔로몬은 초기에 지혜와 순종으로 하나님의 축복을 받았다. 그러나 그의 시대는 피 없는 번영의 상징이 되었다. 그는 성전을 지었지만, 그 성전에는 아버지 다윗의 눈물 같은 피의 기도가 사라졌다. 제사는 많았지만, 회개는 없었다.

"바로의 딸 외에 이방의 많은 여인을 사랑하였으니" (왕상 11:1)

피의 언약 대신, 사람의 문화와 쾌락이 하나님 자리를 대신했다. 결국 솔로몬의 왕국은 분열되었다. 이스라엘은 북과 남으로 갈라지고, 피 없는 예배는 정치적 제도로 변했다.

이 시기는 하나님이 피를 보지 못하신 시대였다. 제단에는 짐승의 피가 넘쳤지만, 그 피는 하나님이 기뻐하시는 피가 아니었다.

6. 북이스라엘의 멸망 - 피의 언약을 잊은 민족의 결말

하나님은 끊임없이 선지자들을 보내셨다. 그들의 입에는 언제나 '회개하라'는 피의 메시지가 있었다. 그러나 백성은 듣지 않았다.

"여호와께서 보시기에 악을 행한 것 외에도 또 무죄한 자의 피를 심히 많이 흘려" (왕하 21:16)
"우상을 만들어 스스로 더럽히는 성아" (겔 22:3)

북이스라엘은 결국 앗수르에 의해 멸망했다. 그들의 멸망은 군사력의 문제가 아니라, 피 없는 신앙의 결과였다. 하나님은 말씀하셨다.

"내가 그의 피를 네 손에서 찾으리라" (겔 33:8)

이 선언은 심판의 근거였다. 하나님은 피로 세운 언약을 피 없는 세대에게서 다시 회수하신 것이다. 피 없는 신앙은 능력이 없고, 피 없는 예배는 하나님이 떠나신 예배다. 그래서 하나님은 남유다를 향해 다시 외치셨다.

"너희는 스스로 할례를 행하여 너희 마음 가죽을 베고 나 여호와께 속하라" (렘 4:4)

7. 결론 - 피 없는 세대의 마지막 경고

사사기에서 열왕기에 이르는 역사는 피를 잊은 자들이 어떻게 하나님을 잃어가는가를 보여준다. 하나님은 피로 언약을 세우셨고, 사람은 그 피를 종교로 바꾸었다. 하나님은 마음을 원하셨고, 사람은 제도를 만들었다. 그래서 하나님은 다윗 같은 사람을 통해 "마음의 피가 있는 신앙"을 다시 회복하고자 하셨지만, 십자가 없는 신앙은 결국 굳건한 왕조를 이어가지 못하였다.

대다수의 백성은 여전히 피 없는 예배자로 살았다. 그들의 마지막은 멸망이었다. 그러나 하나님은 그 멸망의 끝에서도 새 언약을 준비하고 계셨다. 그분은 피 없는 예배를 끝내시고, 하나님의 피로 예배를 새롭게 하실 분, 곧 예수 그리스도를 세상에 보내실 계획을 세우셨다.

"사사기에서 열왕기에 이르는 역사는 피를 잊은 신앙의 역사다. 하나님은 피를 보시며 언약을 세우셨고, 사람은 피를 잊으며 신앙을 잃었다. 피가 없는 시대는 형식만 남고, 피가 흐르는 마음만이 하나님의 백성을 만든다."

4장

[시편~선지서] 마음의 할례를 부르시는 하나님의 외침

피 없는 제사에서 마음의 제사로, 율법에서 사랑으로

1. 하나님은 피보다 마음을 찾으신다

시편과 선지서는 하나님이 피의 제사보다 더 깊은 것을 원하셨음을 증언한다. 그것은 마음의 제사, 곧 회개와 사랑의 피였다.

"주께서는 제사를 기뻐하지 아니하시나니 … 하나님께서 구하시는 제사는 상한 심령이라" (시 51:16-17)

다윗은 제사의 피보다 먼저 마음의 피를 드렸다. 그는 하나님 앞에서 자신의 죄를 가리고 합리화하지 않았다. 오히려 찢어진 마음으로, 하나님의 긍휼을 부르짖었다. 그의 회개는 단순히 죄를 인정한 것이 아니라, 하나님 마음의 상처를 느낀 회개였다. 하나님은 그 상한 심령에서 당신의 사랑이 다시 피어나게 하셨다.

시편은 그래서 피 없는 노래가 아니라 피 묻은 찬양이다. 그 안에는 피로 씻김을 받은 자의 감사와, 피로 회복된 자의 눈물이 있다. 그러나 그 한계는 마음에 십자가를 두지 못한 율법적 신앙으로 말년에 죄의 고난을 자초하였다.

2. 선지자들의 외침 - "피 없는 제사를 멈추라!"

시편이 내면의 회개를 노래했다면, 선지자들은 백성의 외식과 형식적 제사를 꾸짖었다.

“너희의 무수한 제물이 내게 무엇이 유익하뇨 … 헛된 제물을 다시 가져오지 말라 … 내 마음이 너희의 월삭과 정한 절기를 싫어하나니” (사 1:11-14)

하나님이 제사를 싫어하셨다는 것은 제사 자체가 문제가 아니라, 피가 마음에 새겨지지 않은 예배였기 때문이다. 제단은 있었지만, 그곳엔 더 이상 회개가 없었다. 백성은 하나님께 피를 바치면서도 자기 죄를 즐겼다.

이사야는 탄식한다.

“너희가 많이 기도할지라도 내가 듣지 아니하리니 이는 너희의 손에 피가 가득함이라” (사 1:15)

그 피는 제물의 피가 아니라, 죄의 피였다. 하나님은 그 피를 기뻐하지 않으셨다. 그래서 선지자들은 “피 없는 제사”를 버리고 “피로 새겨진 마음”으로 돌아오라 외쳤다.

3. 예레미야 - 새 언약의 예언

이스라엘이 끝내 마음의 회개로 돌아오지 않자, 하나님은 예레미야를 통해 새 언약의 시대를 예언하셨다.

“여호와의 말씀이니라 보라 날이 이르리니 내가 이스라엘 집과 유다 집에 새 언약을 맺으리라 이 언약은 내가 그들의 조상들의 손을 잡고 애굽 땅에서 인도하여 내던 날에 맺은 것과 같지 아니할 것은 … 내가 나의 법을 그들의 속에 두며 그들의 마음에 기록하여” (렘 31:31-33)

이 말씀은 구약 전체의 방향을 뒤집는 선언이다. 돌판의 율법이 아니라, 마음판의 율법. 피로 덮는 언약이 아니라, 피로 새기는 언약. 하나님은 외형의 피로는 인간의 죄성을 바꿀 수 없음을 아셨다. 그래서 이제는 인간의 마음 안으로 피를 옮기신다. 이것이 마음의 할례, 곧 하나님이 스스로에게 하신 언약 "에흐예(Ehyeh)" 새 언약의 중심 진리이다.

"너희는 스스로 할례를 행하여 너희 마음 가죽을 베고 나 여호와께 속하라" (렘 4:4)

"즉, 너희 마음의 할례를 행하라." 이 구절은 신명기의 모세가 남긴 유언과 이어진다. 즉, 하나님은 애초부터 피의 제사가 아니라 마음의 변화, 행위의 율법이 아니라 사랑의 율법을 원하셨다.

4. 에스겔 - 피 없는 심령을 깨우시는 영

예레미야가 "마음의 법"을 예언했다면, 에스겔은 "새 영"을 약속했다.

"또 새 영을 너희 속에 두고 새 마음을 너희에게 주되 너희 육신에서 굳은 마음을 제거하고 부드러운 마음을 줄 것이며 또 내 영을 너희 속에 두어 너희로 내 율례를 행하게 하리니 너희가 내 규례를 지켜 행할지라" (겔 36:26-27)

이 말씀은 새 언약의 완성 단계에 해당한다. 하나님은 이제 제단 위의 피를 우리 마음 안의 성령으로 바꾸신다. 즉, 피는 성령의 통로가 된다. 성령은 피로 씻긴 마음 안에서만 역사한다.

그래서 에스겔은 마른 뼈의 환상을 통해 "피와 영이 함께 역사할 때 생명이 살아난다"라는 구속사의 핵심을 보여준다.

"주 여호와께서 이같이 말씀하시기를 생기야 사방에서부터 와서 이 죽음을 당한 자에게 불어서 살아나게 하라"(겔 37:9)

피가 없는 몸은 시체이고, 영이 없는 피는 율법이다. 하나님은 피와 영을 결합하여 새 언약의 생명을 이루신다.

5. 호세아와 아모스 - 사랑 없는 제사의 경고

하나님은 북이스라엘의 멸망을 앞두고 호세아와 아모스를 보내셨다. 그들의 외침은 한결같았다.

"나는 인애를 원하고 제사를 원하지 아니하며 번제보다 하나님 아는 것을 원하노라"(호 6:6)
"너희가 내게 번제나 소제를 드릴지라도 내가 받지 아니할 것이요" (암 5:22)

하나님은 제사의 피보다 사랑의 피, 즉 긍휼로 새겨진 마음을 원하셨다. 호세아는 음란한 아내 고멜을 통해 배은망덕한 이스라엘의 영적 간음을 보여주었다. 그럼에도 하나님은 그들을 버리지 않으셨다. 왜냐하면 하나님의 사랑은 인간의 불순종보다 크기 때문이다. 하나님은 고멜을 다시 사 오게 하시며 말씀하신다.

"여호와가 그들을 사랑하나니 너는 또 가서 타인의 사랑을 받아 음녀가 된 그 여자를 사랑하라 하시기로 … 그에게 이르기를 너는 나와 함께 지내고 다른 남자를 따르지 말라"(호 3:1-3 요약)

이 장면은 피의 언약이 끊어지지 않았음을 보여준다. 하나님의 피는 변하지 않는다. 단지, 인간의 마음이 멀어졌을 뿐이다.

6. 이사야의 메시아 예언 - 피로 이루실 새 언약

선지서의 절정은 이사야 53장이다. 이곳에서 하나님은 처음으로 '피의 언약이 인격으로 오신다'는 사실을 밝히신다.

"그가 찔림은 우리의 허물 때문이요 그가 상함은 우리의 죄악 때문이라 그가 징계를 받으므로 우리는 평화를 누리고 그가 채찍에 맞으므로 우리는 나음을 받았도다" (사 53:5)

이것은 단순한 예언이 아니라, 구약 전체의 피가 한 인격 안에 모이는 순간이다. 짐승의 피가 아니라, 하나님의 어린양의 피로 언약이 완성될 것을 예시한 것이다. 이사야는 그분을 "고난받는 종"이라 불렀다. 그분의 고난은 단지 대속의 사건이 아니라, 하나님의 마음의 피 흘림이었다. 하나님이 피를 원하셨던 이유는 죄의 값을 받기 위함이 아니라, 사랑을 회복하기 위함이었다.

7. 결론 - 피는 사랑이고, 사랑은 마음의 할례다

시편과 선지서의 공통 메시지는 단 하나다. 하나님은 피를 원하신 것이 아니라, 그 피를 통해 사람의 마음이 새로워지기를 원하셨다. 하나님은 형식의 제단에서 울지 않으시고, 마음의 제단에서 회개하는 자를 찾으신다.

그분은 오늘도 말씀하신다.

"내 아들아 네 마음을 내게 주며 네 눈으로 내 길을 즐거워할지어다" (잠 23:26)

피는 단지 제사의 표가 아니라, 하나님의 사랑의 언어다. 그 피가 마음에 새겨질 때 율법은 생명이 되고, 형식은 사랑이 되며, 신앙은 관계가 된다. 이것이 선지서 전체가 외친 하나님의 외침, 곧 '마음의 할례로 돌아오라'는 하나님의 마지막 호소였다.

"시편과 선지서는 피의 제사에서 마음의 제사로 나아가는 전환점이다. 하나님은 피보다 사랑을, 제사보다 회개를, 율법보다 마음의 할례를 원하셨다. 피 없는 신앙은 종교지만, 피로 새겨진 마음은 새 언약의 시작이다."

5장

[복음서] 피로 세워진 새 언약

하나님이 사람이 되셔서, 피로 언약을 완성하셨다

1. 말씀이 육신이 되어, 피로 임하셨다

복음서의 시작은 단순한 탄생 기록이 아니다. 그것은 피로 오신 하나님, 곧 육신의 옷을 입고 오신 말씀의 피의 선언이다.

"말씀이 육신이 되어 우리 가운데 거하시매" (요 1:14)

하나님은 하늘의 율법을 말로가 아니라 피로 새기기 위해 오셨다. 즉, 예수 그리스도는 "하나님의 피의 생명"으로 오신 것이다. 창세기에서 가죽옷으로, 출애굽기에서 제단의 피로, 시편과 선지서에서 마음의 피로 드러났던 하나님의 언약은 이제 한 사람의 몸에 모였다. 그분의 이름은 "예수"(히브리어 יְשׁוּעַ, 예슈아), 곧 "여호와는 구원이시다." 하나님 자신이 피를 흘리심으로 구원을 완성하신다는 뜻이다.

2. 요단강의 세례 - 피의 길을 향한 첫걸음

예수님의 사역은 요단강의 세례로 시작된다. 요한의 세례는 물로 씻는 회개의 상징이었지만, 예수님의 세례는 피로 씻는 새 언약의 예표였다.

"이제 허락하라 우리가 이와 같이 하여 모든 의를 이루는 것이 합당하니라" (마 3:15)

그분은 죄 없으신 분이지만 죄인들의 자리로 내려가셨다. 물속에 잠기심은 곧 십자가의 죽음, 다시 올라오심은 부활의 예언이었다. 그 순간 하늘이 열리고 성령이 비둘기같이 임하였다. 하나님은 피와 영의 결합을 세상 앞에 드러내신 것이다.

"이는 내 사랑하는 아들이요 내 기뻐하는 자라." (마 3:17)

이 말씀은 곧 '이 피를 내가 기뻐한다'는 하나님의 구속의 서명과도 같다.

3. 십자가의 피 - 새 언약의 완성

예수님의 생애의 절정은 십자가이다. 그분은 피를 흘리기 위해 태어나셨고, 피를 흘림으로 사명을 완성하셨다.

"이것은 죄 사함을 얻게 하려고 많은 사람을 위하여 흘리는 바 나의 피 곧 언약의 피니라" (마 26:28)

이 말씀은 출애굽기의 언약(출 24:8)과 직접적으로 이어진다. 모세는 짐승의 피를 백성에게 뿌렸지만, 예수는 자신의 피를 인류의 마음에 새기셨다. 이것이 바로 하나님께서 아담과 언약하시며, 스스로 구원의 길을 여시겠다고 하신 "에흐예(Ehyeh) 언약"을 통해 이루시는 새 언약의 본질이다. 즉, 돌판의 율법은 끝나고 마음의 피의 율법이 시작된 것이다. 예수의 피는 단지 속죄의 피가 아니라, 하나님의 마음의 피, 곧 사랑의 절정이었다.

"다 이루었다" (요 19:30)

이 말씀은 단순한 유언이 아니라 언약의 완성 선언이다. 창세기의 가죽옷에서 시작된 피의 역사가 이 한마디로 종결되었다.

4. 십자가의 피와 마음의 할례

예수께서 흘리신 피는 단지 외적인 사건이 아니라 우리 마음 안에서 일어나는 영적 할례이다.

"그 안에서 너희가 손으로 하지 아니한 할례를 받았으니 곧 육의 몸을 벗는 것이요 그리스도의 할례니라"(골 2:11)

그리스도의 할례는 육체의 표식이 아니라 마음의 찢어짐이다. 십자가의 피가 내 마음을 찌를 때, 그 피가 나의 죄를 깨닫게 하고, 회개가 터져 나오며, 새 생명이 잉태된다. 이것이 구원의 실질적 순간이다. 그 피가 내 피가 될 때, 나는 예수를 "믿는 자"가 아니라 "그분 안에 있는 자"가 된다.

"내 살은 참된 양식이요 내 피는 참된 음료로다"(요 6:55)

예수님의 피를 먹는다는 것은 그분의 십자가 마음을 기도로, 사랑으로, 순종으로 내 안에 받아들이는 것이다. 피를 먹는 자는 더 이상 자기 뜻으로 살지 않고 하나님의 뜻으로 살아간다. 이것이 "마음의 할례를 받은 자", 곧 새 언약의 백성이다.

5. 피의 기도 - 겟세마네에서의 새 언약 서명

십자가의 피는 겟세마네의 기도로부터 시작되었다. 예수님은 그 밤, 아버지의 뜻을 따라 자신의 의지를 피로 녹이셨다.

“예수께서 힘쓰고 애써 더욱 간절히 기도하시니 땀이 땅에 떨어지는 핏방울 같이 되더라” (눅 22:44)

이 피는 아직 십자가에서 흘러내린 피가 아니었다. 순종의 피, 마음의 피, 곧 하나님의 뜻을 이루는 사랑의 피였다. 이때 예수님은 “인간의 자아”를 완전히 녹이셨다. 즉, 피의 구원은 십자가에서 완성되었지만, 그 피의 마음은 겟세마네에서 시작되었다. 우리가 “하나님 사랑합니다”라고 기도할 때 그 기도가 피의 고백이 되려면, 내 뜻을 꺾는 겟세마네가 반드시 있어야 한다. 피는 고통의 상징이 아니라 순종의 증거이기 때문이다.

6. 부활 - 피로 살아난 생명

십자가의 피는 죽음의 끝이 아니라 생명의 시작이었다.

“내게서 들은 바 아버지께서 약속하신 것을 기다리라 요한은 물로 세례를 베풀었으나 너희는 몇 날이 못되어 성령으로 세례를 받으리라” (행 1:4-5)

예수의 피는 성령의 임재를 여는 문이다. 그 피를 마음에 새긴 자는 성령의 능력으로 새 생명을 얻는다.

“성령이 너희에게 임하시면 너희가 권능을 받고 … 땅 끝까지 이르러 내 증인이 되리라” (행 1:8)

즉, 피는 구원의 원인이고, 성령은 그 피의 결과로 주어지는 생명의 능력이다. 이로써 하나님의 언약은 완전해졌다. 창세기에서 흘린 가죽옷의 피, 출애굽의 문설주의 피, 다윗의 회개의 피, 이사야의 예언된 피가 이제 예수 그리스도의 십자가에서 하나님의 마음의 피로 완성된 것이다.

7. 결론 - 피는 언약의 끝이자 시작이다

복음서는 단지 예수의 생애를 기록한 책이 아니다. 그것은 하나님이 자신의 피로 인류의 마음에 새 언약을 새기신 사랑의 계약서이다. 십자가의 피는 단순한 구속이 아니라, 하나님의 마음이 사람의 심장에 새겨지는 사건이다. 이 피를 믿는다는 것은 그분의 마음을 먹고 마시는 것이다. 그 피가 내 안에서 사랑으로 살아 움직일 때, 그 사람은 이미 새 언약의 백성이 된다.

> "너희는 믿음 안에 있는가 너희 자신을 시험하고 너희 자신을 확증하라 예수 그리스도께서 너희 안에 계신 줄을 스스로 알지 못하느냐" (고후 13:5)

이 질문이 바로 복음서가 우리에게 던지는 구원의 질문이다. 피를 본 자가 아니라, 피를 먹은 자가 구원받는다.

"복음서는 하나님의 피의 언약이 완성된 장이다. 예수 그리스도의 십자가는 피의 제단이며, 그 피가 마음에 새겨질 때 새 언약이 이루어진다. 피 없는 믿음은 지식이요, 피로 새겨진 믿음은 생명이다."

성경은 삼위 하나님의 공동 사역의 전형이다. 성부의 이름으로, 성자의 이름으로 성령의 권능으로 구속행위는 항상 세 위격이 함께 참여한다.

부활하신 주 예수 그리스도께서 성부와 하나 되어 성령을 보내시고 성령은 새 언약을 마음에 새긴 자들을 견인하여 하나님의 나라를 이 땅에 세우신다. 이렇게 사도행전은 성령과 함께 세워가는 시대가 전개된다.

6장

[사도행전] 피로 세워지는 교회

성령이 피 위에 임하시고, 교회는 피로 세워졌다

1. 피의 언약 위에 성령이 임하다

사도행전의 첫 장면은 십자가의 피가 성령으로 역사하기 시작하는 순간을 보여준다.

"오직 성령이 너희에게 임하시면 너희가 권능을 받고 예루살렘과 온 유대와 사마리아와 땅 끝까지 이르러 내 증인이 되리라"(행 1:8)

예수께서 십자가에서 흘리신 피는 이제 성령의 능력으로 교회 안에 흘러가기 시작한다. 성령은 피의 통로를 따라 임하신다. 그 이유는 단 하나다. 성령은 피로 깨끗해진 마음에만 거하신다. 그래서 성령 강림 사건은 단순한 능력의 사건이 아니라 피의 언약이 사람의 심장 속에서 역사하는 새 창조의 시작이었다.

"그들이 다 성령의 충만함을 받고"(행 2:4)

오순절은 그리스도가 흘리신 피의 열매요, 성령은 그리스도 피로 임하신다. 피 없는 신앙에 성령은 임하지 않는다.

2. 베드로의 설교 - 피로 씻긴 회개의 시작

성령이 임하자, 베드로는 가장 먼저 회개의 복음을 선포했다.

"너희가 회개하여 각각 예수 그리스도의 이름으로 세례를 받고 죄 사함을 받으라 그리하면 성령의 선물을 받으리니" (행 2:38)

이 말씀은 "피 없는 회개는 없다"라는 선언이다. '예수의 이름으로 세례를 받으라'는 말은 곧 그분의 피 안으로 들어가라는 초대다. 사람이 피로 씻김을 받을 때 성령이 임한다는 질서를 하나님은 초대 교회 첫날부터 세우셨다. 그래서 교회는 '집회'가 아니라, 피로 씻긴 자들의 공동체였다.

"사람들은 세례를 받으매 이 날에 신도의 수가 삼천이나 더하더라" (행 2:41)

삼천 명의 세례는 피의 강이 되어 예루살렘을 적셨다. 그 피 위에 교회가 세워졌다.

3. 교회의 본질 - 피로 하나 된 공동체

사도행전의 교회는 헌금이나 프로그램으로 세워지지 않았다. 그 중심에는 예수의 피로 하나 된 마음이 있었다.

"믿는 무리가 한마음과 한 뜻이 되어 모든 물건을 서로 통용하고" (행 4:32)

그들은 하나님의 사랑을 '피의 나눔'으로 표현했다. 자기 피와 시간, 재산을 나누며 형제를 자기 몸처럼 사랑했다. 그 사랑은 제도의 공유가 아니라 십자가 마음의 교통이었다. 그래서 그들은 "교회"라 불렸다. 교회(ἐκκλησία)는 '부름받은 자들의 모임'이지만, 새 언약 안에서는 '예수의 보혈로 부름받은 자들의 모임'이다.

4. 스데반의 순교 - 피로 증언하는 교회

초대 교회의 첫 순교자 스데반은 피로 복음을 증언한 사람이다.

"그들이 돌로 스데반을 치니 스데반이 부르짖어 이르되 주 예수여 내 영혼을 받으시옵소서 하고" (행 7:59)

그의 죽음은 단순한 비극이 아니라 피의 교회 탄생의 서명이었다. 그의 피는 복음의 씨앗이 되어 사울(훗날 바울)의 심장을 찔렀다. 하나님은 순교의 피를 통해 복음을 땅끝까지 흘려보내셨다. 교회는 그 피 위에 세워졌고, 그 피 위에 서 있을 때만 참된 교회다. 스데반은 돌에 맞아 죽었지만 그의 피는 하늘로 올라가 하나님 보좌 앞에서 증언이 되었다.

"자기 종들의 피를 그 음녀의 손에 갚으셨도다" (계 19:2)

5. 바울의 회심 - 피의 복음으로 거듭난 자

하나님은 교회를 무너뜨리던 사울을 피의 광선으로 꿰뚫으셨다.

"사울아 사울아 네가 어찌하여 나를 박해하느냐" (행 9:4)

이 음성은 피의 울음이었다. 예수께서는 "나의 피를 거절하는 자여, 왜 내 피를 거슬러 싸우느냐" 하고 부르신 것이다. 사울은 그 빛 앞에서 눈을 감았고, 마음의 눈이 열렸다. 그는 피의 복음으로 거듭난 사람이다. 그래서 그는 고백한다.

"내가 그리스도와 함께 십자가에 못 박혔나니 그런즉 이제는 내가 사는 것이 아니요 오직 내 안에 그리스도께서 사시는 것이라" (갈 2:20)

그의 신앙은 '지식의 교리'가 아니라 '피의 체험'이었다. 그는 피를 본 자가 아니라, 피로 다시 태어난 자였다.

6. 피로 세워진 교회의 사명 - 복음을 피처럼 흘리라

사도행전의 마지막 장은 바울이 로마로 가는 여정으로 끝난다. 그 여정은 곧 "피의 행진"이었다.

"내가 달려갈 길과 주 예수께 받은 사명 곧 하나님의 은혜의 복음을 증언하는 일을 마치려 함에는 나의 생명조차 조금도 귀한 것으로 여기지 아니하노라" (행 20:24)

바울은 자신의 피를 하나님의 피와 교환했다. 그의 인생은 피의 복음의 통로였다. 이것이 초대 교회의 사명이었다. 복음은 말로 전하는 것이 아니라 피로 흘리는 것이었다.

"내 증인이 되리라" (행 1:8)

이 증인의 원어적 의미는 "순교자"(μάρτυς, martys), 즉, 피로 증언하는 자라는 뜻이다. 하나님은 피의 증인들을 통해 교회를 세우셨고, 그 교회를 통해 세상에 피의 복음을 흘리셨다.

7. 결론 - 피로 태어난 교회, 피로 서는 교회

사도행전은 성령의 역사이자 피의 역사이다. 성령은 피 위에서 역사하고, 교회는 피로 세워진다. 피 없는 교회는 조직이요, 피로 세워진 교회는 생명이다.

하나님은 지금도 묻고 계신다. "너희 교회의 제단 위에 피가 있느냐? 너희의 기도와 예배에 피의 마음이 있느냐?" 교회의 본질은 피의 사랑이다. 예수의 피를 마음에 새기고 서로를 위해 흘리는 피의 섬김, 예수의 피를 기억하며 사는 거룩한 삶. 그것이 새 언약의 교회, 곧 십자가의 마음으로 세워진 공동체이다.

7장

[바울서신] 마음의 피, 그리스도의 법

피가 마음에 새겨질 때, 율법은 사랑의 법으로 변한다

1. 피로 새겨진 신앙, 그리스도의 법의 시작

사도행전이 피로 세워진 교회의 역사라면, 바울서신은 피로 살아가는 교회의 교리이다. 바울은 교회의 중심을 다시 "피의 신앙"으로 돌려놓았다.

"이 잔은 내 피로 세운 새 언약이니" (고전 11:25)

그는 이 말씀을 신앙의 본질로 삼았다. 즉, 신앙이란 단순히 예수를 믿는 것이 아니라 그 피가 마음에 새겨져 행함으로 드러나는 삶이다. 그래서 바울은 율법과 은혜의 관계를 새롭게 해석했다. 그에게 율법은 죄를 드러내는 거울이고, 그리스도의 피는 그 죄를 씻어내는 생명이다.

"그러므로 이제 그리스도 예수 안에 있는 자에게는 결코 정죄함이 없나니" (롬 8:1)

이 말씀은 단순한 면죄부가 아니라, 피가 마음을 다스릴 때 정죄가 사라진다는 의미이다. 즉, 죄의 본능은 여전히 있지만, 그 피가 마음의 주인이 될 때, 사람은 더 이상 죄의 종이 아니라 하나님의 자녀가 된다.

2. 마음의 할례 - 율법의 마침이요 새 언약의 시작

바울은 모세의 할례를 '육의 표식'이라 말하며, 하나님이 원하신 것은 '마음의 할례'라고 선언했다.

"표면적 유대인이 유대인이 아니요 표면적 육신의 할례가 할례가 아니니라 오직 이면적 유대인이 유대인이며 할례는 마음에 할지니 영에 있고 율법 조문에 있지 아니한 것이라" (롬 2:28-29)

이 선언은 구약의 제사 체계 전체를 뒤흔드는 혁명적 고백이다. 하나님은 더 이상 피를 보지 않으시고, 피로 새겨진 마음을 보신다는 것이다. 바울에게 마음의 할례란 죄를 미워하고 하나님을 사랑하는 마음의 찢어짐이다. 즉, 회개가 아닌 '변화', 후회가 아닌 '새 창조'이다.

"누구든지 그리스도 안에 있으면 새로운 피조물이라" (고후 5:17)

여기서 '새 피조물'이란 그리스도의 피가 마음 안에 새겨져 새 생명이 된 사람을 의미한다.

3. 그리스도의 법 - 피의 사랑으로 완성된 율법

바울은 갈라디아서에서 율법의 완성을 "사랑"으로 정의했다.

"온 율법은 네 이웃 사랑하기를 네 자신 같이 하라 하신 한 말씀에서 이루어졌나니" (갈 5:14)

이 사랑은 감정적 선의가 아니라 피로 새겨진 사랑, 즉 그리스도의 법이다. 그리스도의 법은 "마음에 새겨진 하나님의 법"으로, 그 피로 인해 자발적으로 순종하는 신앙을 낳는다. 율법의 종은 '해야 한다'로 살지만, 피의 사람은 '사랑하므로 한다'로 산다. 이 차이가 바로 율법의 종과 새 언약의 자녀를 가른다.

바울은 "그리스도의 법을 성취하라"(갈 6:2)라고 명령했다. 이 법은 십자가의 사랑을 마음에 품고 살아가라는 생명의 말씀이다.

4. 피의 싸움 - 죄와 싸우는 신앙

바울은 피로 구원받은 사람은 이제 피로 싸워야 한다고 가르쳤다.

"너희가 죄와 싸우되 아직 피흘리기까지는 대항하지 아니하고"
(히 12:4)

그는 구원이 '이미 받은 선물'이 아니라 '피로 지켜야 하는 싸움'임을 가르쳤다. 즉, 구원은 피로 시작되어 피로 유지되는 여정이다.

바울은 로마서 7장에서 "내 속사람은 하나님의 법을 즐거워하되 내 지체 속에 다른 법이 있다"라고 고백했다. 그는 죄의 법(육의 본성)과 그리스도의 법(피의 본성)이 내 안에서 싸우고 있음을 토로했다. 결국 해답은 하나였다.

"우리 주 예수 그리스도로 말미암아 하나님께 감사하리로다"
(롬 7:25)

그리스도의 피만이 이 싸움을 이기게 한다는 것이다. 즉, 성도의 경건 생활은 피를 마음에 기억하는 싸움이다.

5. 성령의 법 - 피로 자유하게 하시는 영

바울은 로마서 8장에서 피의 완성을 성령의 법으로 정의했다.

"생명의 성령의 법이 죄와 사망의 법에서 너를 해방하였음이라" (롬 8:2)

성령의 법은 그리스도의 피를 마음에 새긴 자에게만 작동한다. 피로 씻긴 마음에만 성령이 자유를 주시기 때문이다. 이 자유는 방종이 아니라 거룩의 자유다. 성령은 예수의 보혈이 마음에 임하여 하나님의 은혜와 사랑이 마음을 찌를 때, 율법의 의무가 아닌 사랑의 기쁨으로 살아가는 삶을 주신다. 그러므로 성령의 법은 피로 완성된 마음의 법이다. 그래서 성령의 법은 피로 완성된 마음의 법이다. 즉, 성령은 피의 열매이며, 피는 성령의 근원이다.

6. 바울의 고백 - 피로 사는 사람

바울은 인생의 마지막까지 자신의 복음을 피의 복음으로 증언했다.

"나는 선한 싸움을 싸우고 나의 달려갈 길을 마치고 믿음을 지켰으니" (딤후 4:7)

그의 믿음은 지식이나 감정이 아니라, 피로 새겨진 순종이었다. 그는 자신의 몸을 제물로 드렸고, 그 피로 복음을 전했다.

"내가 벌써 부어지고 나의 떠날 시각이 가까웠도다" (딤후 4:6)

'부어지고'라는 말은 헬라어 σπένδομαι(spendomai), "전제의 피처럼 붓는다"라는 뜻이다. 그의 인생은 부어드리는 제물과 같이 드려진 피의 제물이었다. 바울은 자신이 피의 사람으로 살았기에 그리스도의 법이 마음에 완성되었다고 고백했다.

7. 결론 - 피로 새겨진 법, 사랑으로 완성된 신앙

바울서신은 율법의 종교에서 피의 신앙으로 옮겨가는 전환점이다. 하나님은 율법의 돌판을 버리신 것이 아니라, 그 돌판을 피로 녹여 마음판에 다시 새기셨다. 그 법은 의무가 아니라 사랑이며, 형식이 아니라 생명이다. 그리스도의 법은 '해야 할 것'이 아니라, '사랑하기에 자연히 하는 것'이다. 그 사랑의 근거가 바로 그리스도의 피이다.

"그리스도의 사랑이 우리를 강권하시는도다" (고후 5:14)

이제 피는 율법을 넘어, 사랑의 법으로 새겨졌다. 그 법을 마음에 새긴 자가 하나님의 새 언약의 백성이다.

바울서신은 피가 마음의 법이 되는 과정을 기록한다. 율법은 의무의 법이었으나, 피는 사랑의 법으로 변하였다. 그러나 이 피는 쌍방향으로 교통하는 피가 되어야 한다. 대속의 은혜는 십자가의 계명으로, 곧 하나님을 사랑하라는 말씀으로 드러난다. 피 없는 신앙은 단지 지식일 뿐이요, 피로 새겨진 신앙은 사랑이다. 이것이 곧 그리스도의 법이며 새 언약의 삶이다.

8장

[히브리서~요한계시록] 피의 완성, 마음의 언약

하나님의 피가 마음에 새겨질 때, 새 하늘과 새 땅이 열린다

1. 히브리서 - 피의 완전한 제사

히브리서는 구약의 제사 제도를 그리스도의 피로 완성된 언약으로 종결짓는다. 하나님은 인간이 반복하는 제사와 율법의 한계를 그리스도의 단 한 번의 피로 끝내셨다.

> "염소와 송아지의 피로 하지 아니하고 오직 자기의 피로 영원한 속죄를 이루사 단번에 성소에 들어가셨느니라" (히 9:12)

구약의 피는 덮는 피였으나, 그리스도의 피는 새기는 피였다. 전자는 죄를 유예했지만, 후자는 죄의 근원을 제거했다.

> "율법을 따라 거의 모든 물건이 피로써 정결하게 되나니 피흘림이 없은즉 사함이 없느니라" (히 9:22)

그러나 히브리서는 한 걸음 더 나아간다. 피의 목적은 단순한 사함이 아니라 하나님과의 연합이었다.

> "내가 하나님의 뜻을 행하러 왔나이다 하셨으니 그 첫째 것을 폐하심은 둘째 것을 세우려 하심이라 이 뜻을 따라 예수 그리스도의 몸을 단번에 드리심으로 우리가 거룩함을 얻었노라" (히 10:9-10)

즉, 피는 단순히 용서의 상징이 아니라 거룩의 본질이다. 구약 율법 아래에서 드려지던 죄 씻는 희생 제사는 폐해지고, 십자가로 마음에 새겨진 새 언약의 피만이 하나님의 뜻을 행하게 한다.

2. 새 언약의 중심 - 마음에 새겨진 법

히브리서는 예레미야의 예언을 직접 인용하며, 새 언약의 핵심을 다시 선포한다.

> "주께서 이르시되 그 날 후로는 그들과 맺을 언약이 이것이라 하시고 내 법을 그들의 마음에 두고 그들의 생각에 기록하리라" (히 10:16)

이것이 바로 새 언약의 최종 선언이다. 하나님은 이제 피로 기록하신 법을 성령으로 마음 안에 새기신다. 즉, 피는 성령의 잉크요, 마음은 하나님의 성전이다. 그리스도의 피는 돌판의 법을 끝내고, 마음의 법으로 완성되었다. 이제 피 없는 예배는 불가능하고, 피 없는 신앙은 무의미하다.

> "그러므로 형제들아 우리가 예수의 피를 힘입어 성소에 들어갈 담력을 얻었나니" (히 10:19)

하나님은 피를 본 자가 아니라, 피를 마음에 가진 자를 영원한 성소로 부르신다.

3. 야고보서 - 행함으로 드러나는 피의 신앙

히브리서가 피의 신학이라면, 야고보서는 피의 실천신앙이다.

“행함이 없는 믿음은 그 자체가 죽은 것이라” (약 2:17)

야고보는 행위를 강조하려 한 것이 아니라, 피로 변화된 마음이 반드시 행함으로 드러난다는 사실을 말했다. 즉, 참된 믿음은 피의 열매를 맺는다. 그 열매는 자기희생, 용서, 긍휼, 사랑이다. 이는 모두 피의 마음, 곧 그리스도의 법이 살아 있는 증거다.

“긍휼을 행하지 아니하는 자에게는 긍휼 없는 심판이 있으리라 긍휼은 심판을 이기고 자랑하느니라” (약 2:13)

하나님의 긍휼은 피에서 나온다. 따라서 행함은 율법의 의무가 아니라, 피로 인한 사랑의 반응이다.

4. 베드로서와 요한서신 - 피의 거룩과 사랑의 완성

사도 베드로는 교회를 향해 이렇게 선포했다.

“너희가 알거니와 너희 조상이 물려 준 헛된 행실에서 대속함을 받은 것은 은이나 금 같이 없어질 것으로 된 것이 아니요 오직 흠 없고 점 없는 어린 양 같은 그리스도의 보배로운 피로 된 것이니라” (벧전 1:18-19)

그는 피를 ‘값’이라 하지 않고 ‘보배’라 했다. 즉, 피는 거래의 수단이 아니라 사랑의 증거다. 그 사랑은 두려움으로 순종하는 신앙을 감사로 변화시킨다. 그래서 베드로는 “너희를 부르신 거룩한 이처럼 너희도 모든 행실에 거룩한 자가 되라”(벧전 1:15)라고 명령한다. 거룩은 죄를 피하고 율법을 지키는 행위가 아니라, 피의 마음으로 하나님을 닮아가는 과정이다.

"그가 우리를 위하여 목숨을 버리셨으니 우리가 이로써 사랑을 알고 우리도 형제들을 위하여 목숨을 버리는 것이 마땅하니라"
(요일 3:16)

요한은 사랑을 감정이 아니라 피의 헌신으로 정의했다. 이것이 새 언약의 실천이며, 교회의 존재 목적이다.

5. 요한계시록 - 피의 심판과 마음의 인침

성경의 마지막 책인 요한계시록은 피의 언약이 심판의 기준이 되는 장면으로 끝난다.

"어린 양의 피와 자기들이 증언하는 말씀으로써 그를 이겼으니"
(계 12:11)

여기서 "이긴 자"의 기준은 단 하나다. 어린양의 피를 가진 자. 하나님은 이 마지막 심판에서 그 피로 인친 자와 피 없는 자를 가르신다.

"우리 하나님의 종들의 이마에 인치기까지" (계 7:3)
"어린 양의 피에 그 옷을 씻어 희게 하였느니라" (계 7:14)
"짐승과 그의 우상에게 경배하고 이마에나 손에 표를 받으면 그도 하나님의 진노의 포도주를 마시리니" (계 14:9-10)

이 말씀은 "인침"과 "표"의 전쟁이다. 하나님의 인은 피의 인, 마음에 새겨진 그리스도의 법이다. 짐승의 표는 인간의 욕망과 타협의 상징이다. 피 없는 신앙, 회개 없는 예배, 자기중심의 종교가 바로 짐승의 표다. 그러나 하나님의 인은 십자가의 피로 마음이 새겨진 자에게 주어진다. 그들은 세상과 타협하지 않고, 자기 피를 흘려서라도 하나님을 사랑하는 자들이다.

6. 새 하늘과 새 땅 - 피로 완성된 하나님의 나라

요한계시록의 결말은 피의 종결이 아니다. 그 피가 생명수가 되어 새 하늘과 새 땅으로 흘러가는 장면이다.

> "또 그가 수정 같이 맑은 생명수의 강을 내게 보이니 하나님과 및 어린 양의 보좌로부터 나와서 길 가운데로 흐르더라"(계 22:1-2)

이 생명수는 단순한 물이 아니다. 십자가의 피가 정결의 물로 변한 영원한 생명이다. 그 피로 씻긴 자들이 하나님과 어린양의 얼굴을 뵙는다.

> "그의 이름도 그들의 이마에 있으리라"(계 22:4)

이마에 새겨진 이름은 곧 마음의 언약의 완성이다. 하나님은 이제 더 이상 외형의 성전이 아니라, 자기 백성의 마음 안에 영원히 거하신다.

> "보라 하나님의 장막이 사람들과 함께 있으매"(계 21:3)

그 장막은 피로 세워진 마음이다. 그곳에서 하나님은 눈물을 닦으시고, 죄와 사망을 영원히 멸하신다. 피는 더 이상 흐르지 않는다. 왜냐하면, 모든 마음이 이미 피로 새로워졌기 때문이다.

7. 결론 - 피의 시작에서 피의 완성으로

성경은 피로 시작하여 피로 끝난다. 창세기의 가죽옷에서, 출애굽기의 문설주에서, 십자가의 피와, 요한계시록의 생명수에 이르기까지 모든 구속의 중심에는 하나님의 피가 있다. 그 피는 인간의 죄를 덮기 위한 수단이 아니라, 하나님의 마음을 새기기 위한 언약이었다.

결국 성경 전체는 하나님의 고백이다. “내가 너를 사랑하되 피로 사랑한다.” 이 피가 마음에 새겨진 자가 새 언약의 사람이며, 그 마음이 곧 하나님의 성전이다.

“히브리서에서 요한계시록에 이르는 말씀은 피의 언약이 완성되는 구속사의 결론이다. 그리스도의 피는 마음의 법이 되고, 그 법은 새 하늘과 새 땅에서 영원히 완성된다. 피 없는 신앙은 심판을 받고, 피로 인친 마음은 영원히 하나님과 함께 산다.”

9장

피의 새 언약은 하나님의 십자가 계명이다

1. 피의 언약은 하나님 십자가 계명이다

성경의 끝, 요한계시록에서 하나님은 다시 한번 피의 언약을 완성하신다.

"그들이 어린양의 피로 이기었느니라." (계 12:11)

피는 단순히 죄를 씻는 수단이 아니라, 하나님과 사람의 마음이 하나 되는 증표다. 이 피가 마음에 새겨질 때, 그 사람은 새 언약의 백성이 되고, 그 삶은 하나님의 성전이 된다. 하나님의 십자가 계명과 사랑은 예수의 피와 살을 매일 먹는 기도이다

2. 피 없는 교회는 제도이고, 피로 세워진 교회는 생명이다

오늘의 교회가 가장 먼저 회복해야 할 것은 피의 신앙이다. 십자가를 상징으로 두고, 그 피를 설교의 장식으로 삼지만, 마음에 피가 새겨지지 않았다면 그것은 종교의 제도일 뿐이다.

하나님은 지금도 묻고 계신다. "너희 마음에 내 피가 있느냐?" 피 없는 신앙은 교리이고, 피로 새겨진 신앙은 생명이다.

3. 피의 기도, 피의 사랑, 피의 순종

새 언약의 사람은 예수의 피를 마음에 새기며 기도한다. 그 기도는 자기의 소원을 구하는 것이 아니라, 하나님의 마음을 느끼며 "사랑합니다"를 고백하는 기도다. 그 피를 마음에 새긴 자는 예수의 십자가를 마음에 품고 살아간다. 그 피가 내 안에서 나를 변화시키고, 내 사랑을 새롭게 하며, 내 순종을 거룩하게 한다.

4. 피는 구원의 완성, 그리고 영원의 시작

요한계시록의 마지막 장면에서 피는 더 이상 흘러내리지 않는다. 그 피가 생명수가 되어 새 하늘과 새 땅을 적신다.

"하나님의 장막이 사람들과 함께 있으매" (계 21:3)

이제 피로 거듭난 마음 안에 하나님이 거하신다. 그곳에는 눈물이 없고, 죄도 사망도 없다. 그분의 피가 우리의 마음에 새겨져 있기 때문이다.

5. 결론 - 오늘, 새 언약의 피로 살아가는 자

새 언약의 신앙은 그리스도의 피가 마음으로 이어지는 하나님과의 사랑의 관계다. 오늘 이 시대의 신앙개혁은 피의 마음으로 돌아가는 회개에서 시작된다. 그 피가 내 마음에 새겨질 때, 나는 더 이상 나의 사람이 아니라, 하나님의 사람이 된다.

"성경의 처음은 피의 약속이고, 성경의 끝은 피의 완성이다. 그 피가 마음에 새겨질 때, 하나님은 그 사람 안에 거하시며 새 하늘과 새 땅은 이미 그 마음에서 시작된다."

주여, 이 책을 읽는 자의 마음에 당신의 피가 흐르게 하소서. 그 피가 죄를 씻고, 그 마음에 새 언약이 새겨지게 하소서. 피로 시작된 성경이 오늘 우리의 마음에서 완성되게 하소서.

"하나님이 자기 피로 사신 교회" (행 20:28)

그 교회가 우리 마음 안에서 다시 살아나게 하소서. 아멘.

2부

새 언약으로 보는 성경

새 언약의 대서사로 통찰하는 성경
(창세기~요한계시록)

3권

하나님이 구원의 길을 스스로 열어가시는, 에흐예 언약의 흐름

서문

I. 왜 성경을 새 언약의 대서사로 읽어야 하는가

성경은 단순한 종교 문헌이나 이스라엘 민족의 역사 기록이 아니다. 성경은 하나님의 언약의 책이며, 그 언약의 시작과 성취, 그리고 영원한 완성을 담은 구속사의 대서사시이다.

성경을 올바르게 읽기 위해서는 무엇보다 하나님의 마음, 곧 십자가 마음의 새 언약이라는 초점(焦點)이 필요하다. 인간 중심의 욕구나 민족 중심의 역사로 성경을 읽을 때, 성경은 도리어 오해와 왜곡을 낳는다. 성경은 철저히 하나님의 언약 경륜을 따라 읽혀야 한다.

창세기는 언약의 씨앗이다

성경의 첫 장인 창세기에는 이미 두 갈래의 언약이 태동한다.

- 여자의 후손 언약(창 3:15) → 하나님께서 스스로 약속하시며 역사를 이루어 가시는 "에흐예(Ehyeh) 언약"의 경륜 속에서 드러나는 새 언약의 씨앗
- 아브라함 언약(창 22:18) → 혈통과 믿음 안에서 예비된 구속의 계보

창세기는 율법 언약 이전이지만, 이미 율법과 새 언약의 씨앗이 동시에 뿌려진 장이다.

구약은 율법 언약으로는 구원이 불가능하다는 것이다

출애굽에서 모세를 통해 십계명이 주어지며, 율법 언약이 시작된다. 그러나 이 언약은 인간의 죄성과 무능을 드러내는 역할을 했다. 선지자들은 반복해서 새 언약의 필요성을 외쳤다.

"나의 법을 그들의 속에 두며 그들의 마음에 기록하여" (렘 31:33)
"새 영을 너희 속에 두고 새 마음을 너희에게 주되 … 너희로 내 율례를 행하게 하리니 너희가 내 규례를 지켜 행할지라" (겔 36:26-27)

구약의 이스라엘 민족사는 율법 언약으로는 구원이 불가능하다는 사실을 증거하는 역사이다.

복음서는 새 언약의 중보자이신 예수 그리스도의 새 언약의 성취이다

세례 요한은 율법 언약의 마지막 선지자이며, "율법과 선지자는 요한의 때까지요"(눅 16:16)라는 말씀대로 율법의 종결을 알렸다. 선지자가 예언한 바와 같이 처녀가 잉태하여 임마누엘로 오신 예수 그리스도는 단순한 유대 민족의 왕이 아니라, 새 언약의 중보자로 오셨다.

그는 "이 잔은 내 피로 세우는 새 언약"(눅 22:20)이라 말씀하시며, 십자가의 죽음과 부활로 언약을 성취하셨다. 십자가는 단순한 대속이 아니라, 하나님이 너희를 사랑하는 그리스도의 할례로 새 언약의 일꾼을 만들어 하나님을 사랑하는 마음을 주시겠다는 실제적 성취였다.

사도행전과 교회 시대는 성령의 인침이다

성령은 오순절에 임하시며, 새 언약을 성도의 마음에 새기셨다.

"우리를 새 언약의 일꾼 되기에 만족하게 하셨으니 율법 조문으로 하지 아니하고 오직 영으로 함이니 율법 조문은 죽이는 것이요 영은 살리는 것이니라" (고후 3:6)

성령의 인침은 단순한 외적 표식이 아니라, 그리스도의 살과 피(요 6:53)

를 받아 마음에 할례를 받은 자에게 확증되는 표이다. 교회는 제도나 외형으로 유지되는 것이 아니라, 십자가 보혈이 마음에 기록된 새 언약 공동체로서 존재한다.

요한계시록은 새 언약의 완성이다

성경의 마지막은 종말의 심판과 구원의 완성이다.

- 언약 없는 자는 짐승의 표 아래 둘째 사망에 이르고,
- 인침 받은 자는 어린양과 함께 새 예루살렘에 들어간다.

이때 인침의 기준은 분명하다. 예수의 살과 피로 마음이 할례된 자만이 하나님의 소유로 확증된다. 새 하늘과 새 땅에서 하나님과 영원한 교제를 누리는 것이 성경 전체가 지향하는 목적이다.

왜 대서사시로 읽어야 하는가

성경은 창세기부터 요한계시록까지 하나님께서 스스로에게 하신 약속을 이루어 가시는 에흐예 언약의 새 언약 대서사시로 읽혀야 한다.

- 성부 하나님: 창세기에서 언약의 씨를 뿌리심
- 성자 예수: 복음서에서 피와 살로 새 언약을 성취하심
- 성령 하나님: 교회 시대에 인침으로 새 언약을 확증하심
- 삼위 하나님의 완성: 요한계시록 새 하늘과 새 땅에서 영원히 드러남

따라서 성경의 큰 산맥은 하나님의 언약을 이루는 새 언약의 경륜이다. 구원 진리의 올바른 초점은 십자가 마음의 할례, 그리스도의 할례가 내 마음의 할례가 되어야 한다.

예수의 피가 내 마음을 찢어 마음의 할례가 되고 기도의 사람으로 성령과 교통하는 것을 즐거이 하는 자가 성령의 인침받은 자이다. 이것이 바로 오늘 우리가 성경을 새 언약의 대서사시로 읽어야 하는 이유이다.

Ⅱ. 성경의 대서사 — 하나님이 스스로에게 하신 약속, 그 에흐예 언약으로 읽어가는 성경

하나님의 십자가 마음으로 성경을 읽을 때, 구속사는 살아난다

왜 다시 성경을 하나님의 십자가 마음으로 읽어야 하는가

오늘의 교회는 성경을 많이 읽지만, 그 속에 담긴 하나님의 마음을 잃어버렸다. 신앙은 풍요로워졌지만, 마음은 메말랐다. 우리는 '믿음'을 외치지만, 그 믿음이 십자가의 사랑과 마음의 할례로 이어지지 않는다면 그것은 여전히 율법의 행위일 뿐이다.

성경은 단순한 교리서가 아니다. 그것은 하나님이 피로 써 내려가신 사랑의 역사, 곧 인간의 타락에서 구원까지 이어지는 언약의 대서사시이다. 이 책은 바로 그 언약의 실체, 하나님의 새 언약(New Covenant)을 성경 전체를 통해 다시 읽고, 다시 깨닫기 위한 여정이다.

성경은 하나의 언약 이야기다

성경은 66권으로 나뉘어 있지만, 하나님의 마음 안에서는 하나의 이야기이다. 그 이야기는 창세기의 약속에서 시작된다.

"여자의 후손은 네 머리를 상하게 할 것이요" (창 3:15)

이 말씀은 성경 전체의 서막이며, 하나님이 십자가의 길을 스스로 열어가시겠다고 약속하신 에흐예(Ehyeh) 언약이다. 그 후 하나님은 율법을 주셔서 인간이 스스로 구원할 수 없음을 드러내셨고, 마침내 예수 그리스도의 피로 새 언약을 세우셨다. 그 피는 단지 제사의 피가 아니라, 하나님의 법을 마음에 새기는 피, 곧 새 언약의 피였다.

성경의 초점(焦點) - 십자가, 마음의 할례

성경을 올바로 이해하기 위해서는 말씀의 언약을 정조준하는 하나의 초점이 필요하다. 그 초점이 바로 “십자가 마음의 할례”이다. 이 초점으로 성경을 보면, 율법은 인간의 한계를 드러내는 하나님의 사랑이 되고, 복음은 그 사랑이 피로 완성된 새 언약이 된다. 그리고 성령은 그 언약을 우리의 마음에 실제로 새기시는 분이 된다. 성경의 모든 길은 결국 한곳으로 향한다.

“내가 나의 법을 그들의 속에 두며 그들의 마음에 기록하여”
(렘 31:33)

이 말씀이 곧 성경 전체의 중심이며, 하나님이 스스로에게 하신 약속을 십자가로 실행하시며 인류에게 남기신 최종 계시이다.

에흐예 언약, 성경의 산맥 - 언약의 7대 산맥 흐름

이 책은 성경 전체를 7개의 산맥, 곧 하나님이 구원의 길을 스스로 열어 가시는 언약의 흐름으로 정리했다.

구분	시대	중심 주제	언약의 핵심
제1장	창세기	언약의 태동	여자의 후손 언약, 피의 원리
제2장	출애굽-말라기	율법의 시대	인간의 무능, 새 언약의 예언
제3장	세례 요한-예수	율법의 마침	십자가의 피 새 언약, 마음의 할례의 시작, 부활과 성령을 보내심
제4장	사도행전 초대 교회	인침의 시대	성령의 임재, 새 언약의 확증
제5장	바울과 사도들의 사역	새 언약의 확장	그리스도의 법, 새 언약의 일꾼, 성령의 통치
제6장	요한계시록	완성과 심판	인침과 짐승의 표, 영원한 언약의 구별
제7장	오늘 우리의 시대	실천과 부르심	마음의 법으로 사는 신앙, 새 언약의 삶

이 7단계의 산맥은 하나님이 사람 안에 당신의 법을 새기시는 구속사의 과정이다.

신학의 목적은 교리를 가르치는 것이 아니라, 십자가 마음을 새기는 것이다

새 언약 신학의 목표는 단순히 바른 교리를 정립하는 데 있지 않다. 그 목적은 하나님의 마음을 성도들의 마음에 새기는 것이다. 십자가는 하나님이 인간에게 주신 율법의 완성이고, 그리스도의 피는 그 법이 마음에 새겨지는 방법이다. 따라서 "오직 믿음으로" 구원받는다는 교리는 "오직 마음의 변화로" 이어져야 완성된다. 믿음 없는 행위가 죽은 것이라면, 마음의 할례 없는 믿음도 죽은 믿음이다.

오늘, 새 언약의 부르심

하나님은 오늘도 사람의 마음을 찾으신다. 그분은 율법적 열심보다, 교리적 지식보다, 자기 마음을 십자가로 찢어 회개하고 사랑으로 순종하는 사람을 찾으신다. 새 언약의 사람은 이런 고백으로 살아간다. "내 안에 주의 법이 있고, 그 법이 나를 다스립니다." 이 책은 그런 사람을 세우기 위해 쓰였다. 성경을 새 언약의 눈으로 읽을 때, 우리는 비로소 하나님의 눈으로 세상을 보고, 하나님의 마음으로 기도하며, 하나님의 사랑으로 살아가는 삶을 배우게 된다.

독자에게 드리는 말씀

이 책을 펼치는 순간, 독자는 성경의 학문적 지식보다 더 깊은 부르심을 듣게 될 것이다. 그것은 '하나님의 마음을 아는 신앙으로 돌아오라'는 초청이다. 우리가 읽는 성경의 모든 문장 뒤에는 하나님의 눈물과 피가 있다. 그 피는 죄를 정죄하려는 피가 아니라, 사랑으로 마음을 새기려는 피이다. 이 책을 통해 성경의 모든 이야기가 한 방향, 십자가의 마음으로 향하는 길임을 깨닫게 되기를 바란다.

1장

[창세기] 에흐예(Ehyeh) 언약의 태동

하나님의 마음은 이미 십자가였다

성경은 하나님이 어떤 분이신지를 보여주는 이야기로 시작한다. 그분은 창조주로서 말씀으로 세상을 만드시되, 단 한순간도 사람을 떠나지 않으셨다.

"태초에 하나님이 천지를 창조하시니라" (창 1:1)

이 짧은 한 구절 속에는 삼위 하나님의 사랑과 협력의 마음이 담겨 있다. 성부 하나님이 뜻을 세우시고, 성자 말씀으로 창조하시며, 성령께서 생명을 운행하신다. 이 창조의 조화는 이미 십자가 마음, 곧 "자기를 나누어 주는 사랑"의 시작이었다.

하지만 인간은 하나님의 뜻보다 자기의 뜻을 택했다. 하나님께서 금하신 선악과를 손에 쥐는 순간, 인간의 마음에는 하나님의 법이 사라지고 자기중심의 욕망이 그 자리를 대신했다. 그때 하나님은 저주보다 먼저 언약을 주셨다.

"내가 너로 여자와 원수가 되게 하고 네 후손도 여자의 후손과 원수가 되게 하리니" (창 3:15)

이 말씀은 성경 전체를 관통하는 언약의 시초, 곧 여자의 후손 언약이며 동시에 하나님 구속사의 출발점이다. 이 약속은 인간의 요청이나 결단에서 비롯된 것이 아니라, 하나님이 스스로 구속을 이루시겠다고 선언하신 자존적 언약이다. 하나님은 자신을 "나는 스스로 있는 자"(출 3:14)라 밝히시며,

구원의 시작을 인간이 아닌 하나님 자신에게 두셨다.

창세기 3장 15절에서 하나님이 "내가 너로… 네 후손은 여자의 후손과" 라고 말씀하실 때, 그 언약의 상대는 아담이 아니라 옛 뱀, 곧 사탄이다. 이 언약은 인간과 체결된 언약이 아니라, 하나님께서 어떤 인간의 개입이나 협력 없이 구속의 전 역사를 주권적으로 선포하신 장면이다. 이 점에서 창 3:15는 이후 아담에게 주어지는 말씀(창 3:17-21)과 구별되는 다른 층위의 언약이다.

하나님은 동시에 죄를 범한 인간에게 가죽옷을 입히셨다(창 3:21). 이는 누군가의 피 흘림 없이는 죄가 가려질 수 없다는 구속의 원리를 처음으로 드러내신 사건이다. 피는 단순한 제사의 재료가 아니라, 사랑의 대가였으며, 이미 이 순간 십자가의 그림자는 역사 위에 드리워졌다.

이처럼 창세기 3장 15절에서 시작된 하나님의 에흐예 자존 언약은, 아브라함 이전에 이미 구원의 방향과 주체를 확정하신 하나님의 선언이다. 학회는 이 언약을 통해 사람에게 주어진 언약을 인류 언약으로 구분하며, 예수 그리스도의 오심과 구속 사역이 어떤 인간의 공로나 선택에도 의해 형성되지 않았음을 분명히 한다.

따라서 하나님의 새 언약은 인간의 행위에서 출발하지 않는다. 그것은 그리스도의 십자가에서 이루어진 그리스도의 할례가 성령 안에서 인간의 마음에 적용되어, 마음의 할례로 완성되는 구원의 길로 제시된다. 성경의 대서사는 바로 이 에흐예 자존 언약에서 시작되어, 여자의 후손이신 예수 그리스도의 십자가와 보혈로 완성된다.

아브라함: 언약의 계보를 여는 사람

시간이 흘러 하나님은 한 사람을 부르셨다.

"내가 너로 큰 민족을 이루고 … 땅의 모든 족속이 너로 말미암아 복을 얻을 것이라" (창 12:2-3)

이 약속이 아브라함 언약이다. 아브라함은 단순한 혈통의 조상이 아니라, 믿음으로 의롭다 하심을 받은 첫 사람이다. 그의 순종은 율법 이전에 주어진 마음의 언약의 모형이었다. 하나님은 아브라함의 후손 안에서 장차 "여자의 후손", 곧 그리스도가 나올 것을 예비하셨다.

"네 씨로 말미암아 천하 만민이 복을 받으리니" (창 22:18)
"오직 한 사람을 가리켜 네 자손이라 하셨으니 곧 그리스도라" (갈 3:16)

창세기에서 시작된 이 계보는 두 갈래로 이어진다.

- 율법의 계보: 모세로부터 이어지는 이스라엘을 대표민족으로, 율법의 규례를 통해 인간의 행위와 의를 시험하는 길
- 새 언약의 계보: 새 언약의 중보자인 그리스도의 피로 마음의 법을 새기려는 길

창세기는 바로 이 두 언약의 씨앗이 심어진 땅이다. 인간의 타락 속에서도 하나님은 구원을 멈추지 않으시고, 피의 언약을 통해 사랑을 약속하셨다.

하나님의 마음은 율법보다 앞선 사랑이었다

창세기는 인간의 죄보다 하나님의 사랑이 더 먼저임을 증언한다. 율법이

있기 전에 이미 은혜가 있었다. 하나님은 인간의 행위가 아니라 마음의 믿음을 보셨다. 그것이 아브라함이 의롭다 함을 받은 이유이며, 훗날 모든 믿는 자들이 새 언약 안에서 구원받는 근거가 되었다.

하나님은 이스라엘의 조상 아브라함을 통해 율법 언약의 시작과 새 언약의 약속을 동시에 보여주셨다. 그분의 계획은 단순히 한 민족을 세우는 것이 아니라, 죄 가운데서도 하나님을 사랑하는 마음을 회복하는 것이었다.

묵상

하나님은 창세기에서 이미 십자가를 준비하고 계셨다. 그분은 인간의 실패 위에 사랑의 언약을 세우셨고, 그 언약은 율법보다 오래되고, 율법보다 깊으며, 마침내 새 언약의 피로 완성된다. 오늘 우리가 성경을 새 언약의 눈으로 읽을 때, 창세기는 단순한 시작이 아니라, 하나님의 마음의 태동기로 보인다. 하나님은 지금도 우리에게 말씀하신다. "내가 네 마음에 내 법을 새기리라. 그 법은 사랑이요, 십자가의 길이라."

2장

모세와 율법의 시대

인간의 무능과 하나님의 기다림

하나님은 아브라함과의 언약을 따라 이스라엘을 한 민족으로 세우셨다. 그들은 애굽의 종살이에서 해방되어 약속의 땅으로 향했지만, 그 길 위에서 하나님은 한 가지를 보여주셨다. 그것은 인간의 자유는 죄에서 벗어날 수 없다는 사실, 곧 율법 없이는 죄를 깨달을 수 없지만, 율법으로도 구원받을 수 없다는 진리였다.

율법의 시작 - 하나님의 뜻을 보여주는 거울

시내산에서 하나님은 모세를 부르셨다. 그리고 돌판에 당신의 뜻을 새겨 주셨다.

> "나는 너를 애굽 땅, 종 되었던 집에서 인도하여 낸 네 하나님 여호와니라" (출 20:2)

이것이 십계명의 서두이다. 율법은 인간을 억누르려는 규율이 아니라, 하나님과 언약 관계 속에 거하는 길을 보여주는 사랑의 기준이었다. 그러나 이 율법은 곧 인간의 본성을 드러내는 거울이 되었다. 하나님은 "나 외에 다른 신을 두지 말라" 하셨지만, 이스라엘은 산 아래에서 금송아지를 만들었다. 율법이 선포된 날에 이미 율법은 깨졌다. 그날부터 하나님은 인간이 스스로 구원할 수 없다는 사실을 기록하기 시작하셨다.

제사와 피 - 언약의 그림자

율법은 죄를 깨닫게 했지만, 죄를 없앨 수는 없었다. 그래서 하나님은 제사 제도를 주셨다. 피 없는 제사는 없었다. 양과 염소의 피가 흘러야 죄가 덮였다. 이것은 장차 오실 그리스도의 피를 미리 보여주는 예표였다. 히브리서는 이를 이렇게 해석한다.

"율법은 장차 올 좋은 일의 그림자일 뿐이요" (히 10:1)
"황소와 염소의 피가 능히 죄를 없이 하지 못함이라" (히 10:4)

피의 제사는 인간이 죄인임을 매번 기억하게 했다. 그러나 하나님은 그 피의 반복 속에서도 여전히 기다리셨다. 그분은 율법의 한계 안에서 인간이 절망을 깨닫고, 마음으로 돌아오기를 기다리셨다.

율법의 시대 - 인간의 실패의 역사

이스라엘의 역사는 율법의 순종보다 불순종의 연속이었다. 광야에서의 원망, 사사 시대의 타락, 왕들의 교만, 그리고 바벨론 포로로 이어지는 역사는 모두 인간이 스스로 의로울 수 없다는 증거였다. 하나님은 선지자들을 보내셨다. 그들은 이렇게 외쳤다.

"너희는 너희가 범한 모든 죄악을 버리고 마음과 영을 새롭게 할지어다" (겔 18:31)
"나는 인애를 원하고 제사를 원하지 아니하며 하나님을 아는 것을 원하노라" (호 6:6)

그러나 사람들은 듣지 않았다. 율법의 글자는 남았으나, 하나님의 마음은 사라졌다.

새 언약의 예언 - 마음에 새기시는 하나님

하나님은 예레미야를 통해 새로운 언약을 선언하셨다.

> "보라 날이 이르리니 내가 이스라엘 집과 유다 집에 새 언약을 맺으리라 … 내가 나의 법을 그들의 속에 두며 그들의 마음에 기록하여" (렘 31:31-33)

이것이 율법 시대의 결론이다. 하나님은 율법을 폐하신 것이 아니라, 그 법을 돌판이 아닌 마음에 새기시겠다고 하셨다. 이것이 바로 새 언약의 약속이며, 십자가를 향한 하나님의 기다림이었다.

하나님의 기다림 - 율법 안의 은혜

율법의 시대는 심판의 기록처럼 보이지만, 그 속에는 깊은 은혜가 숨어 있다. 하나님은 실패한 인간을 단 한 번도 포기하지 않으셨다. 죄로 더럽혀진 성막에도 임재하시고, 배반한 백성 곁에서도 불기둥과 구름기둥으로 동행하셨다. 그분은 율법 안에서 이미 새 언약을 품고 기다리셨던 하나님이셨다. 율법은 끝이 아니라, 십자가를 준비하는 하나님 마음의 통로였다. 사람이 할 수 없음을 드러내야만, 하나님이 하실 수 있음을 알게 되기 때문이다.

묵상

모세와 이스라엘의 시대는 율법의 시대이지만, 그 내면을 구성하는 것은 하나님이 우리에게 십자가로 쓰는 마음의 할례가 아니면 구원을 이루지 못한다는 것을 보여주시는 하나님의 오래 참으심과 기다림의 시대였다. 율법으로는 구원받을 수 없다는 사실을 보여주신 것은 인간을 정죄하려는 것이 아니라, 십자가의 은혜를 더욱 선명히 비추기 위함이었다.

오늘 우리에게 율법은 여전히 거울이다. 그 속에서 우리는 자기를 보고, 예수의 피로 마음을 씻는 새 언약의 필요를 다시 깨닫는다.

"율법으로는 죄를 깨달음이라. 그러나 은혜로는 마음이 새로워진다."

3장

세례 요한과 예수

율법의 마침, 새 언약의 시작

율법의 시대가 막을 내릴 때, 하나님은 광야에서 한 사람을 일으키셨다. 그의 이름은 세례 요한이었다. 그는 제사장도, 정치 지도자도 아니었지만, 이스라엘 백성이 잊어버린 하나님의 음성을 다시 울려 퍼지게 한 사람이었다. 그의 외침은 단호했다.

"회개하라 천국이 가까이 왔느니라" (마 3:2)

요한의 사역은 단순한 도덕적 회개 운동이 아니었다. 그는 율법이 끝나는 자리에서 새 언약의 문턱을 열고 있었다. 그래서 예수께서는 "율법과 선지자는 요한의 때까지요"(눅 16:16)라고 말씀하셨다. 세례 요한은 율법의 마지막 예언자이자, 새 언약의 시대를 여는 연결자였다.

세례 요한 - 율법의 마지막 소리

요한은 요단강에서 사람들에게 세례를 베풀었다. 그의 세례는 단순한 물의 의식이 아니라, 율법으로는 완전해질 수 없다는 고백의 자리였다. 그는 말한다.

"나는 너희로 회개하기 위하여 물로 세례를 베풀거니와 내 뒤에 오시는 이는 … 성령과 불로 너희에게 세례를 베푸실 것이요" (마 3:11)

요한은 자신이 율법의 한계를 보여주는 사람임을 알고 있었다. 그의 세례는 준비였다. 물로 씻는 회개는 곧 피로 씻는 구원을 맞이하기 위한 길이었다.

예수의 등장 - 하나님의 마음이 사람 안으로 오시다

예수님이 세례 요한에게 오셨을 때, 요한은 그분을 바라보며 이렇게 외쳤다.

"보라 세상 죄를 지고 가는 하나님의 어린 양이로다" (요 1:29)

이 한마디는 율법의 시대 전체를 요약한다. 율법이 드러낸 인간의 죄를, 이제 하나님의 어린양, 곧 예수 그리스도가 친히 지시려는 것이다. 하나님은 돌판에 쓰셨던 율법을 이제 자신의 몸과 피로 기록하려고 오셨다. 그것이 십자가의 계명, 곧 새 언약의 시작이었다.

예수께서는 "내가 율법이나 선지자를 폐하러 온 줄로 생각하지 말라 폐하러 온 것이 아니요 완전하게 하려 함이라"(마 5:17) 하셨다. 그분은 율법을 무너뜨리려 오신 것이 아니라, 율법이 드러내지 못한 하나님의 마음, 곧 십자가의 피로 우리의 마음을 찢는 새 언약의 완성을 이루시려 오신 것이다.

십자가 - 새 언약의 중심

예수의 생애는 십자가를 향해 흐르는 길이었다. 그분은 사람들의 병을 고치고, 눈먼 자를 보게 하셨으며, 죽은 자를 살리셨다. 그러나 모든 기적의 목적은 단 하나, 십자가에서 이루실 구속의 언약을 가리키는 것이었다. 마지막 만찬 자리에서 예수께서 잔을 들고 말씀하셨다.

"이 잔은 내 피로 세우는 새 언약이니 곧 너희를 위하여 붓는 것이라" (눅 22:20)

이 말씀은 성경 전체를 가르는 중심선이다. 율법의 피는 제단 위에서 흘렀지만, 새 언약의 피는 십자가에서 사람의 마음으로 흘러 들어오는 것이다. 그분의 살과 피는 단지 희생의 상징이 아니라, 하나님의 법이 인간의 마음에 새겨지는 실제 사건이었다.

"인자의 살을 먹지 아니하고 인자의 피를 마시지 아니하면 너희 속에 생명이 없느니라" (요 6:53)

이 구절은 새 언약의 본질을 말한다. 십자가의 보혈이 내 안에 들어와 마음을 찢고 새롭게 거듭나게 하는 것, 그것이 바로 마음의 할례이며, 새 언약의 시작이다.

부활 - 새 생명의 확증

십자가에서 피를 흘리신 예수님은 사흘 만에 부활하셨다. 부활은 단지 죽음의 이김이 아니라, 새 언약이 실제로 효력을 가지는 증거였다. 그분의 피로 정결케 된 마음에 이제 성령의 생명이 들어온 것이다. 바울은 이렇게 말한다.

"그리스도를 죽은 자 가운데서 살리심과 같이 우리로 또한 새 생명 가운데서 행하게 하려 함이라" (롬 6:4)

예수님의 부활은 새 언약의 생명력을 모든 믿는 자 안에 새겨 넣은 사건이었다.

새 언약의 시작 - 마음에 기록된 법

율법은 돌판에 새겨졌지만, 새 언약은 사람의 마음에 새겨진다. 그 법은 명령이 아니라 사랑이다. 그 법은 규칙이 아니라 관계이다. 예수님은 십자가로 그 사랑의 법을 완성하셨고, 부활로 그 법이 죽음을 이기는 생명임을 보이셨다. 이제 하나님 나라는 성전의 휘장 너머가 아니라, 십자가를 새긴 마음 안에서 시작된다.

묵상

세례 요한은 외쳤다. "나는 그분의 신발 끈 풀기도 감당하지 못하겠노라." 그의 겸손은 율법의 마침이었다. 예수님은 말씀하셨다. "이제 때가 찼고, 하나님의 나라가 가까이 왔느니라." 그의 선언은 새 언약의 시작이었다. 율법의 끝에서 은혜가 피어났다. 하나님의 법이 돌이 아닌 마음에 새겨지는 시대, 그 시대가 바로 지금 우리가 살아가는 새 언약의 시대이다. 예수의 십자가 피를 매일 먹으며 자기를 부인하고 자기 십자가를 마음에 담고 쉬지 않는 기도로 경건의 훈련을 하는 자, 새 언약의 일꾼은 시작된다.

"나는 너희 마음에 내 법을 기록하리라. 그것은 십자가의 사랑이며, 다시는 지워지지 않는 언약이다."

4장

성령과 교회

새 언약의 인침

예수께서 십자가에서 "다 이루었다" 하신 후, 무덤은 닫혔지만, 하나님의 구속사는 거기서 멈추지 않았다. 그분의 부활은 단지 죽음을 이긴 승리가 아니라, 하나님의 법이 이제 사람의 마음 안에서 살아 움직이기 시작한 사건이었다. 그 법은 더 이상 돌판이나 책의 글자가 아니라, 성령의 임재를 통해 새겨지는 생명의 법이었다. 예수께서는 승천하시기 전 제자들에게 이렇게 약속하셨다.

"아버지께서 약속하신 것을 기다리라" (행 1:4)
"성령이 너희에게 임하시면 너희가 권능을 받고 … 땅 끝까지 이르러 내 증인이 되리라" (행 1:8)

이 말씀은 새 언약의 완성 선언이었다. 하나님은 이제 피로 씻긴 마음 위에 성령으로 도장을 찍으시는 인침의 역사를 시작하셨다.

오순절 - 하늘의 법이 마음에 기록되다

"오순절 날이 이미 이르매 … 하늘로부터 급하고 강한 바람 같은 소리가 있어 … 마치 불의 혀처럼 갈라지는 것들이 그들에게 보여 제자들 각 사람 위에 하나씩 임하여 있더니 그들이 다 성령의 충만함을 받고 성령이 말하게 하심을 따라 다른 언어들로 말하기를 시작하니라" (행 2:1-4)

이 사건은 단순히 신비로운 기적이 아니었다. 그것은 과거 시내산에서 맺었던 '인류 언약(율법 언약)'이 이제 그리스도의 피를 통과하여 '하나님 언약(마음의 언약)'으로 전격 전환된 역사적 순간이었다. 시내산의 불과 연기 가운데 돌판에 새겨졌던 율법이, 이제는 성령의 불의 혀를 통해 사람의 마음에 직접 새겨진 것이다.

오순절은 하나님께서 친히 "새 언약의 인을 인간의 마음에 찍으신 날"이다. 그날 이후, 성도는 더 이상 외부의 강요나 율법의 행위로 의롭다 함을 얻으려 애쓰는 존재가 아니다. 오직 마음에 새겨진 그리스도의 법, 즉 성령의 인도하심 속에서 하나님의 뜻을 즐거이 따르는 새로운 존재로 변화된 것이다.

인침의 의미 - 그리스도의 피와 성령의 일치

성령의 인침은 단순한 체험이 아니라, 그리스도의 피로 씻긴 마음에 하나님의 소유표를 새기는 일이다. 바울은 말한다.

> "그 안에서 너희도 진리의 말씀 곧 너희의 구원의 복음을 듣고 그 안에서 또한 믿어 약속의 성령으로 인치심을 받았으니" (엡 1:13)

이 인침은 단순한 표식이 아니라, 하나님이 그 사람을 자신의 것으로 인정하신 영적 서명이다. 성령은 그리스도의 보혈이 마음에 실재로 새겨진 자만을 인치신다. 그러므로 인침은 단순한 감정적 체험이 아니라, 요한복음 6장 53절의 말씀, "내 살을 먹고 내 피를 마시지 않으면 너희 속에 생명이 없다"가 실현된 사람에게 주어지는 거룩한 증거이다.

즉, 인침이란 그리스도의 살과 피로 마음의 할례를 받은 자에게만 주어지는 성령의 도장이다. 초대 교회의 성도들은 예수 그리스도의 십자가의 고난과 죽음과 부활을 모두 목도한 증인들이다. 그들은 이미 십자가 마음의 할례로 자기를 부인하고 자기 십자가를 감당하고 성령이 오시기를 다락방에서 전심으로 기도의 간구를 한 이들이다. 성령은 이러한 이들에게 임하며 구원하심을 보증하고 약속한 것이다. 이것이 새 언약의 인침이며, 참된 구원의 확증이다.

교회의 시작 - 성령의 공동체

성령이 임한 이후, 교회는 단순한 종교 기관이 아니었다. 그들은 매일 마음을 같이하여 성전에 모이고, 집에서 떡을 떼며 기쁨과 순전한 마음으로 하나님을 찬미하였다(행 2:46-47). 이것이 바로 새 언약의 교회이다.

성령의 교회는 건물이 아니라 마음에 하나님의 법이 새겨진 사람들의 모임이다. 그들은 율법의 의무로 모이지 않고, 십자가의 사랑에 감격하여 자발적으로 서로를 섬겼다. 그들의 중심에는 언제나 보혈의 은혜와 회개의 기도가 있었다. 그 교회의 능력은 사람의 힘이 아니라, 성령의 통치에서 나왔다. 베드로는 담대히 설교했고, 삼천 명이 회개하여 세례를 받았다.

이것이 새 언약의 첫 열매였다.

성령의 사역 - 마음의 법을 따르는 삶

성령의 시대는 곧 그리스도의 법이 마음 안에서 역사하는 시대이다. 성령은 단지 은사를 주시는 분이 아니라, 하나님의 뜻을 깨닫게 하시고, 순종하게 하시는 분이다. 바울은 이렇게 말했다.

> "육신을 따르지 않고 그 영을 따라 행하는 자에게 율법의 요구가 이루어지느니라"(롬 8:4)

성령은 율법의 조문을 대체하는 분이 아니라, 그 율법의 본래 정신을 사랑으로 완성시키는 분이다. 그분이 계신 마음에는 더 이상 억지 순종이 아니라, 기쁨으로 순종하는 자유가 있다. 새 언약의 삶은 성령의 음성에 귀 기울이는 삶이다. 그 음성은 언제나 우리 마음의 중심에서 속삭인다.

"내가 네 안에 있노라. 네 마음에 내 법이 있다."

성령의 인침받은 자 - 새 언약의 증인

인침을 받은 사람은 세상 속에서 다른 빛을 낸다. 그들은 세상의 성공으로 증명하지 않고, 마음의 거룩함과 사랑으로 하나님을 증거한다. 그들의 신앙은 감정의 신앙이 아니라, 마음의 피로 새겨진 진리의 신앙이다. 그리스도의 살과 피를 마음에 새긴 자만이 세상 속에서 새 언약의 증인으로 살아간다. 그들의 표시는 겉모습이 아니라, 보이지 않는 마음의 인침, 즉, 그리스도의 법이 통치하는 내면의 성전이다.

묵상

오순절의 불은 한 시대의 시작을 알렸다. 그 불은 돌판을 태우지 않고, 마음을 비추고 새기는 불이었다. 그 불이 있는 자는 하나님께 속한 자요, 그 불이 꺼진 자는 다시 율법 아래로 돌아가는 자이다. 하나님은 지금도 십자가를 마음에 새긴 자를 찾으시며, 그 불로 당신의 사람을 인치신다. 그 인은 영원히 지워지지 않는다. 왜냐하면 그 인은 피와 성령이 함께 찍은 도장이기 때문이다.

"너희는 하나님의 인을 받은 자니라. 그 인은 그리스도의 피와 성령의 불로 찍힌 마음의 법이다."

5장

사도행전 이후

새 언약의 삶과 교회의 확장

오순절 성령의 불이 타오른 이후, 성령은 예루살렘을 넘어 유대와 사마리아, 그리고 땅끝까지 복음을 퍼뜨리셨다. 그 불길은 사람의 힘이 아니라, 그리스도의 피와 성령의 인침을 받은 자들의 마음에서 번져간 불이었다.

교회의 역사는 단순한 확장의 기록이 아니다. 그것은 십자가 마음의 법이 세상 속으로 확장된 구속의 여정이었다. 성령께서 주도하신 교회의 발걸음은 인간 조직의 전략이 아니라, 하나님의 사랑이 확장되어 가는 길이었다.

새 언약의 증인 - 피와 성령의 사람

사도행전 이후의 사도들은 자신들의 생명을 십자가에 맡긴 자들이었다. 그들은 구원받은 사실에 머무르지 않고, 십자가 마음의 법을 살아내는 자들이었다. 스데반은 첫 순교자가 되었다. 돌에 맞아 죽으면서도 이렇게 기도했다.

"주여 이 죄를 그들에게 돌리지 마옵소서" (행 7:60)

그의 기도는 십자가 위 예수의 기도와 같았다. 이것이 바로 새 언약의 증인의 표징이다. 그들은 미움보다 사랑을, 보복보다 용서를 선택했다. 그들의 피는 단순한 희생이 아니라, 십자가의 사랑이 세상 속에 뿌리내리는 씨앗이었다.

바울 - 새 언약의 신학자요 실천자

하나님은 한 사람을 선택하셨다. 율법의 수호자였던 바리새인 사울, 그가 다메섹 도상에서 부활하신 주를 만났을 때, 그의 인생은 뒤집혔다. 그는 율법으로 의를 세우던 자에서 은혜로 사는 새 언약의 사람으로 변했다. 그는 고백한다.

> "이제는 내가 사는 것이 아니요 오직 내 안에 그리스도께서 사시는 것이라" (갈 2:20)

바울은 교리의 전환을 말한 것이 아니라, 존재의 전환을 말하고 있었다. 그의 신앙은 율법의 행위가 아니라, 그리스도의 피가 마음에 새겨진 살아있는 법이었다. 바울은 새 언약을 이렇게 정의했다.

> "그가 또한 우리를 새 언약의 일꾼 되기에 만족하게 하셨으니 율법 조문으로 하지 아니하고 오직 영으로 함이니 율법 조문은 죽이는 것이요 영은 살리는 것이니라" (고후 3:6)

이 말씀은 새 언약의 중보자로 오신 그리스도의 본질을 가장 명확히 드러낸다. 율법의 조문은 인간의 외면을 다스렸지만, 성령의 법은 인간의 내면을 살린다. 이것이 새 언약의 생명이다.

새 언약 교회의 삶 - 사랑의 법으로 사는 공동체

초대 교회는 율법적 제도가 없었다. 그들은 성령의 인도하심 아래 자발적으로 재산을 나누고, 서로의 필요를 돌보았다. 그들의 법은 "사랑" 하나뿐이었다. 예루살렘 교회에서 시작된 이 사랑의 법은 안디옥, 에베소, 빌립보,

고린도, 로마로 이어졌다.

교회는 조직이 아니라, 십자가 마음의 사람들이었다. 그들은 세상의 미움 속에서도 기쁨으로 살았다. 감옥에서도 찬양했고, 고난 속에서도 기도했다. 왜냐하면 그들의 신앙은 조건이 아닌 사랑의 응답이었기 때문이다. 그들의 삶은 하나의 메시지였다.

> "우리가 항상 예수의 죽음을 몸에 짊어짐은 예수의 생명이 또한 우리 몸에 나타나게 하려 함이라" (고후 4:10)

그들은 예수의 죽음을 항상 몸에 새기고 예수를 위하여 죽기를 기뻐한 신앙이었다. 이것이 새 언약의 교회, 성령의 통치 아래 사는 공동체의 증거였다.

새 언약의 확장 - 복음이 아닌 마음의 법의 전파

바울과 사도들은 "복음 전도자"로 불렸지만, 그들이 전한 복음은 단순한 '천국 입문서'가 아니었다. 그것은 하나님의 마음의 법을 전파하는 일이었다. 그들은 예수를 믿으라 외치면서 동시에 이렇게 가르쳤다.

> "너희가 짐을 서로 지라 그리하여 그리스도의 법을 성취하라" (갈 6:2)

그 법은 단순히 "믿음으로 구원받는다"가 아니었다. 그 법은 십자가를 마음에 새기고 하나님만을 사랑하며 사랑으로 순종하는 마음의 법, 즉 십자가 계명인 새 언약의 법이었다. 그것은 예수의 피와 살로 마음에 새긴 율법, 그리스도의 법이었다. 이 법이 세상에 전파될 때, 기독교는 단순한 종교가 아니라 새로운 생명의 전달자가 되었다.

성령 시대의 끝자락 - 새 언약의 완성을 향하여

사도들은 이 새 언약의 복음을 땅끝까지 전했다. 그러나 동시에 경고했다.

"때가 이르리니 사람이 바른 교훈을 받지 아니하며 귀가 가려워서 자기의 사욕을 따를 스승을 많이 두고 또 그 귀를 진리에서 돌이켜 허탄한 이야기를 따르리라" (딤후 4:3-4)
"때가 되면 사람들이 참된 말씀은 듣기 싫어하고, 그들이 듣고 싶어하는 말만 하는 선생들을 찾아 나서게 됩니다. 다시 말하면 진리에는 등을 돌리고 그들 비위에 맞는 헛된 말이나 꾸며낸 말에 더 귀를 기울이게 됩니다." (구어체 성경, 딤후 4:3-4)

성령의 시대는 은혜의 시대이지만, 그 은혜는 결코 값싼 은혜가 아니다. 그것은 피와 눈물로 마음에 새겨진 은혜이다. 성령의 인침을 받은 자는 세상과 타협하지 않는다. 그들은 세상 속에서도 하나님 나라의 법을 지키는 사람들이다. 그 법은 다시 말해, 그리스도의 피로 새겨진 마음의 법, 곧 십자가의 사랑을 따라 사는 삶이다.

묵상

사도들의 시대는 끝났지만, 새 언약의 시대는 계속되고 있다. 하나님은 지금도 성령으로 당신의 백성을 인치시며, 그들을 통해 세상을 향한 사랑의 법을 전파하고 계신다. 오늘 교회가 다시 돌아가야 할 자리는, 바로 그 첫 교회, 첫 마음, 첫 사랑이다. 예수님은 계시록에서 예베소 교회에 책망한다.

"너의 처음 사랑을 버렸느니라" (계 2:4)

이 경고는 단순한 에베소 교회의 책망이 아니라, 오늘의 교회가 그리스도께서 십자가를 지시며 마음에 두신 새 언약의 심장으로 돌아오라는 부르심이다. 하나님은 지금도 말씀하신다.

“내가 네 마음에 새긴 법을 기억하라. 그 법이 바로 내 피요, 내 사랑이니라.”

6장

[요한계시록] 새 언약의 완성과 심판

성경의 마지막 책, 요한계시록은 하나님의 언약이 완전히 성취되는 결말의 서사이다. 창세기에서 시작된 "여자의 후손 언약"이, 이제 요한계시록에서 십자가의 피로 완전하게 이루어지고, 심판과 영광으로 구분되는 장면으로 마무리된다.

하나님은 처음부터 끝까지 스스로에게 하신 에흐예 언약으로 일하신다. 그것은 인간에게 전가되지 않고 하나님만이 이루실 수 있는 '피의 언약'이며, 새 언약인 십자가 계명을 마음에 새긴 자를 찾으시는 것이다. 예수의 피로 마음에 새겨지는 마음의 할례를 주시는 그리스도의 법, 곧 새 언약이다.

요한계시록은 이 언약의 마지막 장면을 열어 보여주는 하나님의 법정이요, 완성의 선언이다.

요한의 계시 - 새 언약의 빛으로 본 종말

요한은 밧모섬에 유배되어 있었다. 고난과 핍박 속에서도 그는 하늘 문이 열리는 환상을 본다.

> "내가 보니 하늘에 열린 문이 있는데 … 그 보좌 위에 앉으신 이가 있는데" (계 4:1-2)

그 보좌 앞에는 어린양이 서 계셨다. 그 어린양은 누구인가? 그는 단순한 구세주가 아니라, 십자가의 피로 새 언약을 완성한 분, 즉, "죽임을 당한 어린양"이었다. 요한은 외친다.

> "죽임을 당하신 어린 양은 능력과 부와 지혜와 힘과 존귀와 영광과 찬송을 받으시기에 합당하도다" (계 5:12)

이 찬양은 성경 전체의 결론이다. 율법의 시대가 실패로 끝나고, 새 언약의 시대가 피로 열렸으며, 이제 그 피의 언약이 심판과 영광으로 완성되는 찬송으로 이어지는 것이다.

인(印)과 표(標) - 새 언약과 짐승의 언약의 대조

요한계시록은 '하나님의 인'과 '짐승의 표'를 대비시킨다. 이것은 단순한 종말의 상징이 아니라, 새 언약과 거짓 언약의 최종 구별이다. 하나님의 인은 누구에게 주어지는가?

> "우리가 우리 하나님의 종들의 이마에 인치기까지 땅이나 바다나 나무들을 해하지 말라 하더라" (계 7:3)

이 인은 그리스도의 피로 마음의 할례를 받은 자, "내 살을 먹고 내 피를 마시는 자는 영생을 가졌고 마지막 날에 내가 그를 다시 살리리니"(요 6:54) 즉, 예수의 살과 피를 먹고 마심으로 그 생명이 마음에 새겨진 자에게 주어진다. 매일같이 성령과 교통하며 예수의 보혈을 마음에 품고 쉬지 않고 기도하는 자에게 영생을 주신다는 말씀인 것이다. 그것이 바로 성령의 인침이며, 새 언약의 표이다.

반대로 짐승의 표는 사람 중심의 신앙, 율법적 행위와 세상적 탐욕을 따르는 자들의 표이다. 그들은 입으로 하나님을 부르지만, 마음에는 그리스도의 피의 언약이 없다. 그들의 신앙은 외적 형식과 성공의 복음으로 포장된 거짓 언약이다.

요한계시록의 핵심은 여기 있다. 하나님은 마음의 인침으로 구분하시고, 세상은 짐승의 표로 구분한다. 이 두 표는 피와 피 아닌 것으로 갈라진다.

심판 - 피로 새겨지지 않은 마음의 결말

요한은 계시 속에서 세상을 향한 하나님의 심판을 본다. 일곱 인, 일곱 나팔, 일곱 대접의 재앙은 단지 자연재해의 예언이 아니다. 그것은 새 언약을 거부한 인류의 심판 기록이다.

하나님은 피의 언약으로 마음에 할례를 새기셨지만, 그들은 예배를 드리되 회개하지 않았고, 입술로는 "주여 주여" 하지만 마음은 하나님의 법에서 멀어져 있었다. 계시록의 재앙은 하나님의 분노라기보다, 하나님의 슬픔의 표현이다. 그분은 오래 참으셨으나, 마음에 언약이 없는 자는 결국 스스로 멸망의 길을 택한다.

"그들의 이름이 생명책에서 지워지고, 그들의 행위가 불 가운데로 던져지리라." 이 심판은 피 없는 신앙, 회개 없는 믿음, 마음의 할례 없는 교회를 향한 하나님의 경고이다.

어린양의 혼인잔치 - 새 언약의 완성

그러나 심판의 끝은 절망이 아니다. 요한은 또 다른 장면을 본다.

> "어린 양의 혼인 기약이 이르렀고 그의 아내가 자신을 준비하였으므로 그에게 빛나고 깨끗한 세마포 옷을 입도록 허락하셨으니 이 세마포 옷은 성도들의 옳은 행실이로다" (계 19:7-8)

이 잔치는 교회 나온 자들의 축하가 아니라, 마음의 할례로 그리스도의 피를 새긴 성도들의 새 언약이 완성된 언약의 연합식이다. '어린양의 아내'는 단순한 교회가 아니라, 그리스도의 피로 마음의 법을 새긴 자들의 총체이다. 그들은 율법이 아니라 예수의 피로 살았고, 명령이 아니라 은혜로 순종했던 자들이다.

> "하나님은 친히 그들과 함께 계셔서 모든 눈물을 그 눈에서 닦아 주시니 다시는 사망이 없고 애통하는 것이나 곡하는 것이나 아픈 것이 다시 있지 아니하리니" (계 21:3-4)

하나님은 이제 더 이상 죽음도, 슬픔도, 아픔도 없다고 선언하신다. 왜냐하면 그들의 마음에 새겨진 하나님의 법이 완전한 생명이 되었기 때문이다.

새 하늘과 새 땅 - 영원한 언약의 나라

요한은 마지막 장면을 이렇게 묘사한다.

> "새 하늘과 새 땅을 보니 처음 하늘과 처음 땅이 없어졌고 바다도 다시 있지 않더라 또 내가 보매 거룩한 성 새 예루살렘이 하나님께로부터 하늘에서 내려오니" (계 21:1-2)

이것은 단순한 공간의 변화가 아니다. 그것은 마음의 법이 완전하게 통치하는 새로운 창조의 세계이다. 그곳에는 성전이 없다. 왜냐하면 하나님과 어린양이 그 성전이시기 때문(계 21:22)이다. 이곳은 하나님과 사람 사이의 단절이 완전히 사라진 세계, 즉 새 언약이 완성된 영원한 나라이다. 그들은 하나님의 얼굴을 보며, 그 이름이 그들의 이마에 새겨져 있다(계 22:4). 그 이름은 단순한 표식이 아니라, 그것은 피로 시작된 언약이 영원한 생명으로 완성된 표징이다.

묵상

요한계시록은 두 부류의 사람을 보여준다. 하나는 마음에 피로 새겨진 하나님의 인을 가진 자, 다른 하나는 세상의 탐욕과 자기 구원으로 새겨진 짐승의 표를 가진 자.

하나님은 물으신다. "너는 내 피의 언약 안에 있느냐?"

그날, 새 예루살렘이 임할 때 그곳에 들어가는 자들은 이렇게 부를 것이다. "하나님이 우리와 함께 계시니, 이것이 새 언약의 나라요, 영원한 사랑의 완성이라."

7장

새 언약의 삶

오늘 우리의 부르심

성경의 대서사시는 단지 과거의 구속사가 아니다. 그것은 지금도 살아계신 하나님의 마음이 우리의 삶 속에서 이어지는 현재의 이야기이다. 창세기의 약속으로 시작된 여자의 후손 언약은 율법의 시대를 지나, 십자가의 피로 완성되었다. 우리는 성경을 삼위 하나님이 이루어 가시는 "에흐예 언약"으로 고찰하고 해석해야 성경의 진리를 핵심으로 접할 수 있다. 십자가의 보혈을 새긴 자에게 주시는 성령의 인침 속에서 우리의 마음과 삶으로 실현되는 새 언약은 실존이 되었다. 따라서 새 언약은 '알아야 하는 신학'이 아니라, '살아내야 하는 부르심'이다. 하나님은 오늘도 말씀하신다.

"내가 나의 법을 그들의 속에 두며 그들의 마음에 기록하여" (렘 31:33)
"내 법을 그들의 마음에 두고 그들의 생각에 기록하리라" (히 10:16)

새 언약의 삶은 마음의 변화에서 시작된다

예수께서는 "회개하라 천국이 가까이 왔느니라"(마 4:17) 하셨다. 회개란 단지 죄를 후회하는 감정이 아니라, 내 마음의 중심이 하나님께로 돌아가는 사건이다. 새 언약은 외적 결단이 아니라 내면의 변혁이다. 그리스도의 피가 내 마음에 새겨질 때, 그 피는 나를 정죄가 아닌 사랑의 법으로 이끈다. 그때부터 신앙은 율법의 '해야 한다'가 아니라, 사랑하므로 행하게 되는 자유의 순종으로 바뀐다. 하나님은 오늘도 우리 각자에게 묻는다. "너의 마음은 내 피로 새겨졌느냐?"

새 언약의 삶은 자기를 부인하고 십자가를 지는 길이다

예수께서는 제자들에게 말씀하셨다.

“누구든지 나를 따라오려거든 자기를 부인하고 자기 십자가를 지고 나를 따를 것이니라” (마 16:24)

이 말씀은 모든 신앙의 본질을 요약한다. 새 언약의 사람은 자기 뜻과 감정, 욕망을 내려놓고, 하나님의 뜻이 자신의 마음을 통치하도록 내어드리는 사람이다. 자기 부인은 억지의 포기가 아니라, 하나님의 사랑 앞에서 자아가 녹아내리는 은혜의 과정이다. 십자가는 단순한 무조건적 대속이 아니라, 하나님께서 우리 안에 새 언약을 완성하시는 자리이다. 하나님은 십자가를 계명으로 주셨다. 그러나 우리가 이것을 잊어버린 것은 성경의 모든 지식을 사람의 마음으로만 적용했기 때문이다. 십자가의 고통 속에서 하나님의 사랑이 드러나며, 그 사랑은 우리의 마음을 찢는 회개로 이끌어 하나님 앞에 다시 서게 한다. 그 피는 우리의 마음과 생각에 새겨져 하나님께로 돌아오라는 부르심이 된다.

새 언약의 삶은 성령 안에서 사는 삶이다

새 언약의 사람은 더 이상 세상의 원리로 살지 않는다. 그들은 성령의 인도하심을 따라 산다. 성령은 단지 능력의 영이 아니라, 하나님의 법을 우리 마음 안에 실제로 작동하게 하시는 분이다. 바울은 이렇게 말했다.

“육신을 따르지 않고 그 영을 따라 행하는 우리에게 율법의 요구가 이루어지게 하려 하심이니라” (롬 8:4)

성령의 인도는 단순한 직관이나 감정이 아니다. 그것은 그리스도의 피로 마음이 정결해진 자만이 들을 수 있는 하나님의 세밀한 음성이다. 그 음성은 언제나 우리를 십자가로 이끌며, 자기중심에서 벗어나 사랑으로 순종하게 한다. 하나님의 이름을 부르는 기도는 하나님을 사랑하는 첫걸음이어야 한다. 이제 자기 소망을 이루려는 기도는 멈추고, 하나님의 십자가 보혈을 마음에 새기며 하나님을 사랑하는 기도의 사람으로 변화되어야 한다.

새 언약의 교회 - 마음의 법으로 하나 된 공동체

새 언약의 교회는 제도나 건물이 아니다. 그것은 마음의 할례를 받은 사람들의 모임, 즉 그리스도의 피로 인침받은 성도들의 연합체이다. 그들은 동일한 고백으로 모인다. "나는 그리스도의 피로 구속받은 자이며, 그 사랑의 법을 마음에 새긴 자이다."

이 교회는 세상 속에서 권력이나 숫자가 아닌 예수의 피를 새긴 거룩한 마음의 깊이로 구분된다. 그들의 예배는 형식이 아니라, 하나님의 마음과 교통하는 기도이다. 그들의 헌신은 율법의 의무가 아니라, 감사와 사랑의 반응이다. 새 언약의 교회는 눈에 보이는 성전이 아니라, 하나님의 법이 통치하는 마음의 성전이다.

새 언약의 증인 - 세상 속의 하나님의 편지

바울은 말했다.

> "너희는 … 그리스도의 편지니 이는 먹으로 쓴 것이 아니요 오직 살아 계신 하나님의 영으로 쓴 것이며 … 오직 육의 마음판에 쓴 것이라" (고후 3:3)

이 말씀은 새 언약 신앙의 정체성을 드러낸다. 우리는 하나님이 세상에 보내신 살아 있는 편지이다. 그 편지에는 십자가의 사랑, 회개의 눈물, 그리고 성령의 불이 기록되어 있다. 새 언약의 증인은 말을 많이 하는 사람이 아니라, 삶으로 하나님의 마음을 드러내는 사람이다. 그들의 존재가 곧 복음이다. 그들의 인내와 사랑이 세상을 설득한다.

새 언약의 부르심 - 하나님의 뜻을 이루는 기도

새 언약의 사람은 기도할 때 자신을 중심으로 구하지 않는다. 그들은 하나님의 뜻이 이루어지기를 구한다. 그 기도는 단순히 응답을 바라는 기도가 아니라, 하나님의 마음에 동참하는 기도이다. 그들은 "하나님, 내 소원을 이루소서"가 아니라, 하나님의 이름을 부르며 "하나님, 사랑합니다. 나를 통해 주의 뜻을 이루소서"라는 기도로 고백한다.

이 기도는 한국에흐예언약학회의 핵심인 1.24.1 골방기도운동이다. 하루 24시간 중 1시간을 하나님께 드려 교제하며 그분의 말씀을 듣고 성령과 교통하는 기도이다. 이 시간의 기도는 내 안에 세상의 불순물이 없어야 한다. 내 죄를 대속하여 십자가에 달리신 보혈을 마음에 담고 하나님을 사랑하는 마음의 기도가 고백되어야 한다. 쉬지 않는 기도는 새 언약의 호흡이며, 그 호흡이 끊어지면 신앙은 다시 율법으로 돌아간다. 매일 하루 한 시간의 골방기도는 육을 쳐서 영으로 살아가는 생명의 기도이다.

새 언약의 완성을 향하여 - 영원한 사랑의 순례

요한계시록의 마지막 장면은 새 예루살렘이었다. 그곳은 피로 인침받은 자들의 집이며, 새 언약이 완성된 사랑의 도성이다. 이 땅에서 새 언약의 삶을 사는 것은 그 도성을 향한 순례의 길을 걷는 것이다. 우리는 매일의 십자가와 회개와 기쁨과 사랑의 기도와 예배 안에서 그 나라의 백성으로 빚어지고 있다.

그날, 하나님은 이렇게 말씀하실 것이다. "이는 내 피로 인친 자요, 내 법을 마음에 새긴 자라. 나의 나라에 들어오라."

그 부름을 받기 위해 오늘 우리는 살아간다. 새 언약의 삶은 미래의 약속이 아니라, 오늘의 순종과 사랑 속에서 이미 시작된 천국이다.

묵상

에흐예 언약은 하나님이 홀로 지신 약속의 길이다. 십자가를 마음에 새기기 위한 새 언약은 교리가 아니다. 그것은 하나님의 마음이 내 안에 새겨지는 사랑의 사건이다. 그 사랑이 나를 죄에서 돌이키고, 그 사랑이 나를 순종하게 하며, 그 사랑이 나를 다시 하나님께로 이끈다. 오늘 하나님은 묻고 계신다. "너는 십자가로 쓴 내 법을 마음에 두었느냐? 너는 나의 피와 살을 먹는 사랑으로 살고 있느냐? 그래서 너는 나를 가장 사랑하는 삶으로 돌아섰느냐?"

이 질문 앞에서 우리는 다시 십자가로 돌아간다. 거기서 피를 보고, 마음이 찢어지고, 그 속에 새겨진 하나님의 법으로 새사람이 된다. 그것이 바로 새 언약의 사람, 하나님의 대서사시 속에 지금 살아 있는 사람의 모습이다.

4권

에흐예 언약, 24장으로 읽는 메시지 성경

서문

I. 성경을 왜 대서사로 정리했는가

하나님의 마음에 대한 사랑의 기록

성경은 단순한 역사책도, 교리서도 아니다. 그것은 하나님의 마음이 인간의 시간 속을 지나가며 흘린 피와 눈물, 기다림과 호소, 언약과 회복의 이야기다. 하나님은 단 한 번도 인간을 향한 사랑을 포기하지 않으셨고, 그 사랑을 기록으로 남기셨다. 우리는 그 기록을 성경이라 부른다. 그리고 그 기록은 단편의 지식이 아니라, 처음부터 끝까지 한 방향을 향해 나아가는 거대한 사랑의 서사시이다. 인류가 타락하기 전부터 하나님은 이미 회복의 길을 준비하셨다.

창세기의 빛은 물리적 창조 이전에 존재한 말씀의 빛이며, 그 말씀은 십자가의 사랑으로 완성될 새 언약의 시작이었다. 범죄한 그 순간에도, 하나님은 징벌 이전에 가죽옷으로 덮으시며 희생의 피를 흘리셨다. 이것은 단지 동물의 희생이 아니라, 훗날 자기 아들의 피로 죄인을 덮으실 하나님의 마음이 십자가로 드러날 사건의 예표이다.

이후 성경의 모든 이야기는, 이 사랑을 잊은 인간과 그 사랑을 끊임없이 회복시키려는 삼위 하나님의 경륜을 보여준다. 하나님께서는 이스라엘을 대표 민족으로 세우시고, 그들을 통해 역사의 경륜을 이루어 가신다. 노아 시대의 심판은 하나님의 의로움의 표현이었지만, 방주라는 구원의 언약을 동반하였다. 아브라함과의 언약은 민족과 땅에 관한 것이기도 했지만, 본질은 믿음을 통한 의롭다 하심, 즉 하나님의 마음을 따르는 자를 향한 구속의 약속이었다.

율법은 인간의 죄를 드러내기 위한 도구였지, 구원을 완성하는 수단이 아니었다. 신명기의 언약 갱신과 예언서들의 반복되는 심판 경고 속에도, 하나님은 단 한 번도 언약을 버리신 적이 없다. 오히려 인간의 배신과 불순종 가운데서도 그들의 마음을 새롭게 하여 다시 사랑하시겠다는 새 언약의 약속을 선포하셨다. 예레미야 31장 33절에서 하나님은 "내 법을 그들의 속에 두고, 그들의 마음에 기록하겠다"라고 하셨고, 이것은 성경 전체가 향하고 있는 언약의 중심이다.

이 서사시는 예수 그리스도 안에서 절정을 맞이한다. 말씀이 육신이 되어 오신 그분은 율법을 완성하셨고, 자기 피로 새 언약을 세우셨다. 단지 이스라엘의 왕으로 오신 것이 아니라, 모든 민족의 마음에 하나님의 법을 새기시려는 하나님의 사랑 그 자체로 오셨다. 그 십자가는 하나님의 공의와 사랑이 만난 자리였고, 그 피는 구속의 언약이자 사랑의 확증이었다.

사도들과 신약의 저자들은 더 이상 돌판이나 제사 제도가 아닌, 마음에 새겨진 법과 성령의 인도를 강조했다. 율법 조문은 죽이는 것이요, 영은 살리는 것이라는 고백은 더 이상 문자에 갇힌 신앙이 아닌, 생명으로 말미암는 새 언약 신앙을 가리킨다. 성경은 처음부터 끝까지, 하나님께서 우리 마음에 당신의 뜻을 새기시려는 일관된 흐름을 따라 관통한다. 우리가 성경을 서사시로 다시 정리한 목적은 단순히 지식을 전달하는 데 있는 것이 아니다. 하나님이 이루어 가시는 대속의 본질을 잊지 않고 십자가 계명으로 깨어나 거듭나야 한다는 것이다. 이 서사시는 인간의 관점에서 이해한 역사나, 특정 민족 중심으로 해석한 구원론이 아니다. 오직 하나님의 마음, 곧 십자가의 보혈로 기록된 새 언약을 따라 성경이 말씀하는 초점을 알고 구원을 이루기 위해서이다.

그렇다면 학회에서 사용하는 '에흐예(Ehyeh) 언약'은 무엇인가? 성경을 깊이 고찰할수록, 우리는 하나님께서 스스로에게 언약하신 모든 것을 성취하시며 십자가에서 보혈의 피를 흘려주셨다는 진리를 깨닫게 된다. 에흐예는 출애굽기 3장 14절의 "나는 스스로 있는 자(Ehyeh)"라는 선언에 그 신학적 근거를 둔다. 이는 인간의 행위나 신실함에 의존하지 않고, 오직 삼위 하나님께서 스스로의 뜻과 능력으로 구속 사역을 계획하시고 성취하시고 적용하시는 새 언약의 본질이다.

하나님은 십자가의 피로 우리 마음과 생각에 쓰시는 언약을 이루어 가셨다. 하지만 그 피를 바라보기만 하면서 정작 자신은 변화하지 않고, 하나님의 은혜와 사랑만을 피상적으로 외치는 신앙은 위험하다. 이는 창세기 6장 6절, 하나님께서 사람 지으심을 한탄하신 바로 그 현실과 맞닿아 있기 때문이다. 오늘날 기독교는 이 엄중한 현실을 직시해야 한다. 구원은 확신으로 되는 것이 아니라 하나님이 원하시는 증거로 나타나야 한다. 십자가의 피로 마음의 할례를 받아 예수의 피를 가진 자가 하나님이 인정하는 구원의 증거이다. 그러므로 이러한 시대에 바른 성경 해석을 통해 신앙의 진리를 깨우쳐 주어야 한다는 절실한 마음이 필요하다.

십자가 계명은 먼저 자신을 죽이신 하나님의 변치 않는 사랑을 깨달아야 하나님의 은혜와 사랑의 길로 인도된다. 우리가 이 말씀 안에서 하나님을 만나고, 그 마음을 알고, 다시금 회개하며 사랑하게 될 때, 이 서사시는 단지 책 속의 이야기가 아니라, 오늘 우리의 삶 속에서 성령으로 살아서 완성되는 하나님의 사랑의 기록이 될 것이다.

Ⅱ. 십자가는 계명이다

십자가는 새 언약의 마음에 새겨진 피의 계명

하나님은 그분의 피로 우리의 마음에 계명을 새기길 원하셨다. 우리가 예수님이 지신 십자가의 피와 살을 먹고 그리스도의 할례로 마음이 베어지는 할례로 거듭난 신앙이 되기를 원하셨다. 십자가는 하나님께서 자신의 피로 우리의 마음에 새기신 거룩한 계명이다.

"내가 거룩하니 너희도 거룩하라." 이 말씀은 단순한 요구가 아니라, 십자가에서 피 흘리신 하나님의 명이다. 예수께서 우리의 죄를 대속하셨으니, 이제 우리의 삶은 오직 주님만 사랑하는 고백으로 살아야 한다.

그분의 피는 값싼 은혜가 아니라, 우리의 죄성 앞에서 부딪히는 치열한 심판의 고난이었다. 그러므로 우리는 그 피 앞에서 회개해야 한다. 회개는 단순히 죄를 용서해 달라는 눈물의 감정이 아니라 하나님을 가장 사랑하라는 말씀으로 돌아서는 것이나. 그것은 하나님을 사랑하는 기도로 이어져야 한다. 기도 속에서 우리는 예수님의 이름을 부르고, "예수님, 사랑합니다"라는 고백으로 그분께 나아가야 한다. 또한 "예수의 보혈"을 외치며, 죄를 이기는 보혈의 능력을 마음 깊이 새기는 것이다.

십자가의 피는 우리에게 마음을 찢으라 명령하시고 있다. 너의 사랑을 나의 피로 약속하라, 너의 마음에 할례를 행하라 말씀하신다. 이는 단순한 의식이 아니라, 우리 내면에 기록되는 새 언약의 십자가로 쓰신 그리스도의 법이다. 십자가는 하나님과 우리의 언약의 자리이고 사랑의 자리이다. 그 언약은 피로 쓰였고, 사랑으로 이루어지며, 회개와 기도로 살아나야 한다.

학회에서 주관하는 하루 24시간 중에서 1시간 골방에서 성령과 교통하는 기도, 1.24.1 골방기도운동은 십자가 계명을 마음에 새기는 자리가 되어야 한다.

1장

하나님의 창조와 사랑의 의도

빛으로 여신 첫 이야기(창세기 1~2장)

성경은 하나님의 마음과 뜻이 계시된 구속사의 이야기다. 그 첫 장면은 창세기 1장에서 시작된다. 이 이야기는 단순한 창조의 서술이 아니라, 하나님의 존재 목적과 인간에 대한 사랑의 의도를 담은 거대한 선언이다.

창조는 무에서 유를 만든 초월적 행위였고, 동시에 질서와 생명을 향한 하나님의 의지를 드러낸 사건이었다. "태초에 하나님이 천지를 창조하시니라"(창 1:1)라는 말씀은 시간의 시작과 동시에 하나님 중심의 세계관을 세운다. 모든 것은 하나님으로부터 나왔고, 그분의 말씀으로 존재하게 되었다. 하나님은 말씀으로 빛을 창조하셨고(창 1:3), 그 빛은 혼돈과 공허와 흑암 속에서 질서를 세우는 첫 출발점이 되었다. 하나님이 세상을 창조하신 목적은 단순한 창조 행위 그 자체보다, 그분의 성품과 사랑을 비추는 관계적 세계를 여는 데에 있었다.

여섯 날의 창조는 점진적인 회복과 질서의 과정이었다. 첫째 날부터 셋째 날까지는 공간의 틀을 만드시고, 넷째 날부터 여섯째 날까지는 그 공간을 채우시는 방식으로 진행되었다. 그리고 마침내 여섯째 날, 하나님은 자신의 형상을 따라 사람을 창조하셨다(창 1:26).

인간은 하나님의 형상대로 창조된 존재로서 하나님과 교제할 수 있는 유일한 피조물이었다. 이 사실은 인간의 정체성과 존재의 목적이 단순히 살아가는 데 있는 것이 아니라, 하나님의 마음과 계획을 반영하고 실현하는 데 있음을 보여준다.

창세기 2장은 이 창조의 이야기를 보다 인간 중심적으로 조명한다. 하나님은 사람을 흙으로 빚으시고 그 코에 생기를 불어넣어 생령이 되게 하셨다(창 2:7). 그리고 에덴동산이라는 특별한 공간을 마련하셔서 그를 거기 두시고, 다스리며 경작하게 하셨다. 하나님의 형상을 따라 지음받은 인간은 하나님의 뜻에 따라 세상을 돌보고 다스릴 청지기였으며, 그분과 교제하며 자유 속에서 사랑을 실천하는 존재였다.

그러나 이 자유에는 선택의 기준이 있었다. 선악을 알게 하는 나무의 실과를 먹지 말라는 명령은 인간이 하나님과의 관계 안에서만 자유로울 수 있음을 드러낸다(창 2:17). 사랑은 강제가 아니기에, 하나님은 인간에게 순종의 자유와 불순종의 가능성을 동시에 두셨다. 이 선택은 이후 인간의 죄와 타락, 그리고 언약의 역사로 이어지는 새 언약의 서막이 된다.

하나님이 아담에게 돕는 배필을 주시며 가정을 이루게 하신 것도 단지 번성의 목적이 아니라, 사랑의 공동체가 창조의 마지막 단계로 주어진 것임을 보여준다. 남자와 여자는 서로를 통해 하나님의 사랑과 연합을 이루는 존재였으며, 이 관계 또한 하나님의 형상을 반영하는 신성한 구조였다. "둘이 한 몸을 이룰지로다"(창 2:24)라는 명령은 창조의 아름다움과 완전함의 절정이었다.

결론적으로, 창세기 1~2장은 하나님의 본래 뜻을 보여주는 장이며, 인간이 하나님의 마음을 알고 교제하며 사는 존재로 창조되었음을 분명히 한다. 빛으로 여신 첫 이야기는 곧 하나님의 사랑의 계시였으며, 이후 펼쳐질 모든 언약의 기초가 되는 원형이었다. 새 언약의 관점에서 이 첫 이야기를 바라볼 때, 우리는 하나님의 의도가 단순히 인간을 다스리는 데 있지 않고, 마음과 마음이 통하는 교제 속에 사랑의 법을 심기 위함이었음을 알게 된다. 하나님의 법은 단지 명령이 아니라, 마음에 새겨지기를 기다리시는 하나님의 기다림이다.

2장

타락과 율법 이전의 언약

“에흐예 언약”이 역사 속에서 드러나다(창세기 3~4장)

하나님이 창조하신 세상은 완전한 질서 속에서 아름답게 유지되었다. 인간은 하나님의 형상을 따라 지음받았고, 하나님과 교제하며 살아가도록 부름받았다. 그러나 이 조화로운 관계는 인간에게 주어진 자유의지로 인해 깨어지기 시작한다. 창세기 3장은 인류 최초의 타락을 기록하며, 인간이 어떻게 하나님의 마음에서 멀어져 자기를 중심으로 선택하는 존재로 변했는지를 보여준다.

이 타락은 단순히 금지된 열매를 먹은 행위 자체에 머무르지 않는다. 그것은 마음 깊은 곳에서부터 시작된 자기 중심성이 외적으로 드러난 사건이었다. 하나님보다 자기 판단을 우선시하고, 하나님의 뜻보다 자기 길을 선택하려는 내면의 움직임이 타락을 초래한 것이다. 이 지점에서 우리는 이미 새 언약의 필요성을 보게 된다. 타락한 마음은 스스로 하나님께 돌아갈 수 없으며, 하나님께서 새롭게 하시는 은혜의 언약이 필요하기 때문이다.

그런데 성경은 이 타락을 단순한 실패나 예기치 못한 사고처럼 다루지 않는다. 오히려 인류의 타락 이전부터 하나님은 이미 구원을 이루실 계획, 곧 하나님 스스로의 약속인 ‘에흐예 언약(Ehyeh Covenant)’을 마음에 품고 계셨다고 말한다. 에베소서 1장과 3장은 이를 분명하게 증언한다.

“창세 전에 그리스도 안에서 우리를 택하사” (엡 1:4)
“영원부터 우리 주 그리스도 예수 안에서 예정하신 뜻대로” (엡 3:11)

여기서 말하는 선택과 예정은, 후대에 발전한 전통적 예정론처럼 누가 구원받을지 개인을 미리 정했다는 의미가 아니다. 오히려 하나님은 어떻게 인간을 구원하실지, 어떤 방식으로 마음을 새롭게 하실지, 즉 그리스도의 피로 마음에 새겨지는 새 언약의 길을 창세 전부터 계획하셨다는 뜻이다.

이것이 바로 "에흐예", "나는 스스로 있는 자"라는 선언에서 시작된 하나님의 자기 약속이며, 성경 전체를 이끄는 구속사의 중심축이다.

이러한 관점에서 보면, 창세기 3장은 단순한 심판의 기록이 아니다. 영원에서 준비된 하나님의 언약이 시간 속에서 처음 모습을 드러낸 장면이다.

하나님은 인간에게 자유를 주셨고, 그 자유는 '선악과'를 기준으로 시험받았다. '먹지 말라'는 명령은 단순한 금지 조항이 아니라, 하나님 중심의 마음을 지키는 언약의 경계선이었다. 하나님은 "먹는 날에는 반드시 죽으리라"(창 2:17)라고 말씀하셨는데, 이는 육체의 죽음이 아니라 하나님과의 관계가 끊어지는 영적 죽음을 의미한다.

그러나 인간은 하나님의 말씀보다 뱀의 말을 따르게 된다. 하나님과 같이 되리라(창 3:5)는 유혹은 인간의 마음을 흔들었고, 스스로 선과 악을 판단하려는 교만의 마음이 그 안에서 태어났다. 이로 인해 인간은 하나님을 떠난 존재가 되며, 그 결과는 곧바로 드러난다.

- 수치: 자신의 벗은 몸을 가리려 함
- 두려움: 하나님 앞에서 숨음
- 책임 회피: 죄를 타인에게 전가함

이 모습들은 모두 마음이 하나님께 속하지 않은 상태, 다시 말해 마음의 할례가 없는 상태를 보여준다.

그럼에도 불구하고 하나님은 인간을 버리지 않으신다. 오히려 그 순간, 하나님은 역사상 최초의 회복 언약, 곧 여자의 후손 언약을 선포하신다(창 3:15). 이것은 단순한 예언이 아니라, 창세 전에 계획하신 새 언약의 씨앗이 땅 위에 심긴 사건이다. 에베소서가 말한 "창세 전 하나님의 뜻"이 창세기에서 비로소 역사적 형태로 나타난 것이다.

여자의 후손 언약은 결국 그리스도께서 십자가에서 이루실 그리스도의 할례(골 2:11), 그리고 그 피가 믿는 자의 마음에 새겨지는 마음의 할례(롬 2:29)로 이어진다. 타락한 인간이 하나님께 돌아갈 수 있는 유일한 길이 바로 에흐예 언약, 곧 하나님 스스로 준비하신 새 언약의 길이기 때문이다.

따라서 창세기 3장의 타락은 인간의 절망이 아니라, 하나님의 구원 언약이 역사 속에 첫발을 내딛는 장면이며, 새 언약 구원의 첫 시작점이라고 할 수 있다.

> "내가 너로 여자와 원수가 되게 하고 네 후손도 여자의 후손과 원수가 되게 하리니 여자의 후손은 네 머리를 상하게 할 것이요 너는 그의 발꿈치를 상하게 할 것이니라" (창 3:15)

이 언약은 율법 이전에 주어진 최초의 복음 선언으로, 구원의 길이 율법적 순종이 아닌 여자의 후손, 곧 그리스도의 십자가를 통해 열릴 것임을 예고한다. 이는 하나님이 스스로 이루어 가시는 에흐예 언약의 성취로 나타난다.

아담과 하와는 이 말씀을 듣고 "가죽옷"을 입는다. 이는 자기 의를 벗고 하나님이 주신 피의 희생으로 옷 입는 은혜의 상징이다. 곧 율법과 행위로는 가릴 수 없는 죄를 하나님이 피 흘림으로 덮으시겠다는 첫 복음의 예표다.

창세기 4장으로 넘어가면, 타락 이후의 인간이 어떻게 하나님께 나아가야 하는지, 어떤 예배가 참된 예배인지에 대한 통찰이 주어진다. 아담과 하와 사이에 가인과 아벨이 태어나고, 두 사람은 각각 제사를 드린다. 그러나 하나님은 아벨의 제사는 받으시고 가인의 제사는 받지 않으신다. 이는 단지 제물의 종류(곡식 vs. 피) 때문이 아니라, 가축의 피로 속죄하는 그 마음의 중심에 있다.

> “가인은 땅의 소산으로 제물을 삼아 여호와께 드렸고 아벨은 자기도 양의 첫 새끼와 그 기름으로 드렸더니 여호와께서 아벨과 그의 제물은 받으셨으나 가인과 그의 제물은 받지 아니하신지라”(창 4:3-5)

하나님은 제물보다 먼저 피로써 제사드리는 사람을 보신다. 이는 앞으로 전개되는 성경의 제사와 새 언약이 예수 그리스도의 피를 마음에 새긴 자가 구원을 받는 예표로 제시된다. 가인의 분노는 회개의 기회 대신 살인으로 이어졌고, 이는 하나님보다 자기를 앞세우는 자의 죄가 극에 달했음을 상징한다. 이때 하나님은 가인에게 직접 말씀하신다.

> “네가 선을 행하면 어찌 낯을 들지 못하겠느냐 선을 행하지 아니하면 죄가 문에 엎드려 있느니라 죄가 너를 원하나 너는 죄를 다스릴지니라”(창 4:7)

이 말씀은 율법이 아직 주어지지 않은 시대, 마음의 법, 곧 선과 악의 내면적 기준이 여전히 인간 안에 작용하고 있음을 말한다. 하나님은 외적인 율법 이전에, 마음의 중심을 보고 계셨으며, 회개와 순종의 가능성을 주셨다. 그러나 가인은 그 길을 거부하였다. 이로써 창세기 초반부는 하나님의 언약은 언제나 인간의 마음 중심에 호소하며 그 마음의 할례 없이는 결코 하나님께 나아갈 수 없음을 선언한다.

결론적으로, 타락 이후에도 하나님은 언약을 잊지 않으셨으며, 가죽옷과 여자의 후손, 그리고 참된 제사와 경고를 통해 회복의 길을 끊임없이 말씀하셨다. 이는 훗날 그리스도의 십자가에서 성취될 새 언약의 언약적 맥락이며, 이 언약은 인간의 공로나 율법적 행위가 아닌, 하나님이 주신 희생을 믿음으로 받아들이는 자, 곧 마음에 새겨진 법을 가진 자에게 적용되는 은혜의 언약이다.

3장

심판 속에 남은 자의 계보

피로 이어지는 언약의 길(창세기 5~9장)

창세기 5장은 아담 이후의 계보로 시작된다. 이 장은 단순히 연대기를 기록하기 위함이 아니라, 죄 가운데 태어난 인류가 어떻게 죽음의 역사 속을 걸어가는지 보여준다. "누구가 몇 세에 낳고, 몇 세를 살고 죽었더라"라는 반복 속에서 인류의 비극이 드러난다.

아담의 타락 이후 모든 인생은 결국 '죽었더라'로 마무리된다. "죄의 삯은 사망이요"(롬 6:23)라는 말씀은 죄의 삯이 사망이라는 사실을 구체적으로 드러낸다. 그러나 이 죽음의 계보 안에서 특별한 이름이 등장한다. 에녹은 하나님과 동행하더니 사라지고 죽음을 보지 않았다(창 5:24). 이는 인간의 타락 속에서도 하나님의 마음에 합한 자는 생명의 길로 부르신다는 첫 표지가 된다. 그것은 죽음이 종말적 생명의 전부가 아님을 보여주는 작은 예언적 사건이었다.

창세기 6장은 인류의 죄가 가득 차 땅에 포악이 가득한 시대를 그린다. 하나님은 사람 지으신 것을 한탄하시며, 심판을 선언하신다.

> "사람의 죄악이 세상에 가득함과 마음으로 생각하는 모든 계획이 항상 악할 뿐임을 보시고 땅 위에 사람 지으셨음을 한탄하사 마음에 근심하시고" (창 6:5-6)

그러나 동시에 하나님은 노아를 은혜 가운데 택하신다.

"노아는 의인이요 당대에 완전한 자라 그가 하나님과 동행하였으며" (창 6:9)

이 선택은 인간의 공로 때문이 아니라, 하나님의 은혜와 아담에게 한 언약을 기억하시기 때문이다. 노아는 방주를 짓는 순종으로 하나님의 말씀을 붙들었고, 그 믿음을 통해 장차 구원의 방주, 곧 십자가의 모형을 보여주었다. 홍수 심판은 창조 질서의 역전이었다. 하늘의 창이 열리고 땅의 샘이 터져 물이 가득 차자, 하나님이 세우신 세상은 무너져 내린다.

이는 죄로 인해 무너진 창조의 비극적 결과이며, 동시에 죄의 삯이 반드시 심판으로 이어짐을 선포하는 사건이다. 그러나 방주 안에 있던 노아와 그의 가족은 살아남는다. 방주는 단순한 구조물이 아니라, 하나님이 지정하신 구원의 방식이었다. 방주 밖에서는 생명이 없었고, 오직 방주 안에서만 생명이 보존되었다. 이는 예수 그리스도를 미리 보여주는 모형이며, 십자가 안에서만 참된 구원이 있음을 가리킨다.

홍수가 끝난 뒤 하나님은 노아와 언약을 맺으신다. 그리고 그 증거로 무지개를 주시며, 하나님은 피를 생명의 표로 규정하신다.

"내가 너희와 언약을 세우리니 다시는 모든 생물을 홍수로 멸하지 아니할 것이라" (창 9:11)
"고기를 그 생명되는 피째 먹지 말 것이니라 내가 반드시 너희의 피 곧 너희의 생명의 피를 찾으리니" (창 9:4-5)

피의 제사는 성경의 산맥에 해당한다.

"육체의 생명은 피에 있음이라" (레 17:11)

이는 구약 전체에서 반복될 제사의 핵심 원리이자, 결국 신약의 십자가 보혈로 이어지는 언약의 뿌리다.

"피흘림이 없은즉 사함이 없느니라"(히 9:22)

피 흘림 없이는 죄 사함이 없다는 원칙은 노아 언약에서 이미 선포된 진리였다. 그러나 노아 이후의 인류 역시 완전하지 않았다. 노아 자신도 포도주로 인해 범죄했고, 그의 아들 함은 아버지의 수치를 드러냈다. 이는 남은 자의 구원이라 할지라도, 완전한 구원은 오직 그리스도의 보혈을 통해서만 가능함을 보여준다. 인간은 다시 죄를 반복하였지만, 하나님은 피의 언약을 이어가시며 최종적인 새 언약을 준비하셨다.

결론적으로, 창세기 5~9장은 두 가지를 증언한다.

첫째, 죄의 결과는 죽음이며, 인류는 피할 수 없는 사망의 계보 아래 있다는 사실. 둘째, 그 심판 속에서도 하나님은 은혜로 '남은 자'를 보존하시며, 피의 언약으로 새로운 시작을 주신다는 사실. 이 남은 자의 계보와 피의 언약은 장차 예수 그리스도께서 십자가에서 이루실 새 언약의 길을 가리키는 등불이었다. 심판 속에서도 끊어지지 않는 하나님의 사랑, 피로 이어지는 언약과 새 언약의 길이 바로 성경 전체의 대서사시가 흘러가는 본류다.

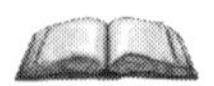

4장

바벨탑과 흩어진 인류

언약의 씨를 향한 하나님의 선택(창세기 10~11장)

노아 홍수 이후 인류는 새로운 시작을 맞이했으나, 죄성은 여전히 사람 안에 남아 있었다. 창세기 10장은 노아의 세 아들, 셈과 함과 야벳의 후손들이 땅에 퍼져나간 계보를 기록한다. 이는 단순한 족보가 아니라, 하나님께서 인류 전체를 다스리시는 주권적 섭리를 드러낸다. 그러나 인간의 마음은 여전히 자기 이름을 높이고자 하는 교만에 사로잡혀 있었다.

창세기 11장은 바벨탑 사건을 기록한다. 인류는 "자, 성읍과 탑을 건설하여 그 탑 꼭대기를 하늘에 닿게 하여 우리의 이름을 내고 온 지면에 흩어짐을 면하자"(창 11:4)라고 외쳤다.

이는 단순한 건축 행위가 아니라, 하나님을 의지하지 않고 스스로 영광을 얻으려는 인간의 마음을 드러낸 사건이었다. 하나님은 인간의 언어를 혼잡하게 하시고, 그들을 온 땅에 흩으셨다. 그 결과 바벨은 혼잡의 상징이 되었고, 인간의 교만은 스스로 무너졌다.

바벨탑 사건은 인류 보편사에서 중요한 전환점이다. 인간이 하나로 뭉쳐 하나님을 대적할 때, 하나님은 그들의 연합을 흩으심으로써 역사에 새로운 길을 여셨다. 이 흩어짐은 심판이자 동시에 은혜였다. 하나님은 인류 전체를 심판으로 끝내지 않으시고, 이제 한 사람, 한 가문을 불러 믿음의 계보를 이어가도록 계획하셨다. 그 한 사람, 곧 아브라함이 부르심을 받게 되는 것이다.

셈의 계보는 이 사건 이후 중요한 의미를 가진다. 하나님은 함이나 야벳의 길이 아니라, 셈의 후손을 통해 언약을 이어가신다. 이는 혈통적 우월성을 말하는 것이 아니라, 하나님이 주권적으로 선택하신 구속사의 통로를 의미한다. 인류 전체는 바벨에서 흩어졌지만, 하나님은 한 사람의 믿음을 통해 인류 전체를 다시 구원으로 부르실 계획을 준비하셨다.

바벨 사건은 새 언약의 시선에서 두 가지 메시지를 준다.

첫째, 인간의 힘과 연합, 문화와 성취는 하나님을 떠난 순간 모두 헛되고 무너진다.

둘째, 하나님은 교만한 자를 흩으시되, 겸손한 자를 통해 언약을 이루신다.

이는 훗날 예수 그리스도 안에서 완전히 드러날 원리다. 사람의 이름을 높이려는 탑은 무너졌지만, 하나님의 이름을 높이는 십자가는 영원히 서게 된다.

결국 창세기 10~11장은 보편사의 끝과 구속사의 시작을 보여준다. 하나님은 인류 전체의 교만을 심판하시고, 아브라함을 불러 언약의 씨를 심으실 준비를 하셨다. 흩어진 민족들 가운데서도 하나님의 마음은 여전히 "새 언약의 십자가 계명, 마음에 새겨질 그리스도의 법"을 향하고 있었다. 바벨의 언어 혼잡 이후에도 하나님은 말씀으로 역사를 새롭게 이어가셨으며, 그 말씀은 이제 한 사람의 믿음을 통해 다시 시작된다.

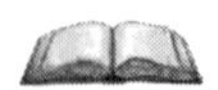

5장

아브라함의 부르심과 믿음의 씨

언약의 길을 여는 시작(창세기 12~25장)

바벨에서 흩어진 인류는 각기 다른 언어와 문화 속에 살았으나, 죄의 본성은 여전히 모든 민족 안에 자리하고 있었다. 하나님은 인류 전체를 향한 구속의 계획을 버리지 않으시고, 이제 한 사람을 불러 언약의 씨를 심으신다. 그 한 사람이 바로 아브라함이다.

창세기 12장은 구속사의 새로운 출발점이다. 하나님은 아브라함에게 "너는 너의 고향과 친척과 아버지의 집을 떠나 내가 네게 보여 줄 땅으로 가라"(창 12:1)라고 말씀하신다. 이는 단순한 지리적 이동이 아니라, 자기중심의 삶을 떠나 하나님 중심의 삶으로 나아가는 부르심이었다.

하나님은 그에게 큰 민족, 축복, 이름의 창대함, 그리고 무엇보다 "땅의 모든 족속이 너로 말미암아 복을 얻을 것이라"(창 12:3)라는 약속을 주셨다. 이 말씀은 인류 전체를 향한 새 언약의 씨앗으로, 아브라함을 통해 그리스도가 오실 것을 예고한다.

아브라함은 믿음의 조상이라 불리지만, 그의 삶은 완전하지 않았다. 기근을 피하려 애굽으로 내려가 아내 사라를 누이라 속였고(창 12:10-20), 하나님의 약속을 기다리지 못해 하갈을 통해 이스마엘을 낳았다(창 16장). 그러나 하나님은 그의 연약함을 책망하시면서도 언약을 포기하지 않으셨다. 창세기 15장에서 하나님은 아브라함과 언약을 맺으시며, 쪼갠 고기 사이를 홀로 지나가셨다.

> "연기 나는 화로가 보이며 타는 횃불이 쪼갠 고기 사이로 지나더라"
> (창 15:17)
> "연기가 나는 화로와 타오르는 횃불이 나타나 둘로 갈라놓은 제물들 사이로 지나갔다" (구어체 성경, 창 15:17)

이는 하나님의 일방적 은혜 언약으로, 사람의 실패에도 불구하고 하나님이 반드시 구속의 계획을 이루시겠다는 확증이었다.

아브라함은 "여호와를 믿으니 여호와께서 이를 그의 의로 여기시고"(창 15:6)라는 말씀대로, 행위가 아닌 믿음으로 의롭다 함을 얻는 원리를 최초로 드러낸다. 이는 훗날 새 언약의 본질, 곧 십자가의 보혈로 마음의 할례를 받는 믿음으로 의롭다 함을 얻는 길의 모형이다.

창세기 17장에서 하나님은 아브라함과 다시 언약을 세우시며, 할례를 그 언약의 표징으로 주신다. 육체에 새긴 할례는 단지 외적 표시가 아니라, 훗날 마음에 새겨질 하나님의 법을 예표한다.

> "표면적 유대인이 유대인이 아니요 표면적 육신의 할례가 할례가 아니니라 오직 이면적 유대인이 유대인이며 할례는 마음에 할지니"
> (롬 2:28-29)

사도 바울은 할례는 몸에 하는 할례가 아니라, 마음에 하는 "마음의 할례"가 참된 할례라고 가르쳤다. 즉, 아브라함 언약의 중심은 결국 새 언약으로 성취될 마음의 할례를 가리키고 있었다.

창세기 22장은 아브라함의 믿음을 시험하시는 절정의 장면이다. 하나님은 아브라함에게 이삭을 번제로 바치라고 명하셨다. 이는 이해할 수 없는 명령이었으나, 아브라함은 순종했다. 하나님은 그에게 아들을 실제로 죽이지 않게 하셨지만, 이 사건을 통해 "여호와 이레"(여호와께서 준비하신다)의 계시를 드러내셨다. 이것은 장차 예수 그리스도가 십자가에서 하나님의 아들로서 실제로 죽으시고, 인류의 대속 제물이 되실 것을 가리키는 예언적 사건이었다. 아브라함의 순종은 믿음으로 말미암아 의롭다 함을 얻는 언약적 삶의 전형이었다.

아브라함의 부르심은 단지 한 민족의 기원을 설명하는 사건이 아니라, 인류를 위한 새 언약의 시작이었다. 그의 삶은 연약했지만, 하나님은 언약을 포기하지 않으시고 은혜로 이루셨다. 그의 믿음은 완전하지 않았으나, 하나님은 그 믿음을 의로 여기셨다. 아브라함 언약은 곧 예수 그리스도 안에서 성취될 언약의 씨였으며, 모든 민족이 복을 얻게 될 새 언약의 토대였다.

아브라함의 부르심은 한 씨족 안에서 믿음과 율법이 어떻게 분리되어 가는지를 보여준다. 성경은 하나님께서 스스로 이루시는 구원의 길이 새 언약의 중보자이신 예수 그리스도를 통해 완성됨을 증언한다. 바벨탑에서 흩어진 인류는 이제 아브라함의 씨를 통해 다시 하나님의 언약으로 모이게 될 것이었다.

6장

이삭에서 야곱과 요셉으로

인간의 꾀와 하나님의 섭리, 언약 계보의 확장(창세기 26~50장)

아브라함에게 주신 하나님의 언약은 단절되지 않고 그의 아들 이삭에게 이어졌다. 이삭은 아브라함과 달리 큰 모험이나 전쟁의 주인공으로 부각되지 않지만, 그에게서 약속의 자녀만이 언약을 잇는다는 원리가 확증된다. 하나님은 이스마엘이 아니라, 사라에게서 난 아들 이삭을 통해 언약을 세우셨다(창 17:19). 이삭은 아버지 아브라함처럼 제단을 쌓으며 하나님께 예배했고, 우물을 파서 대적과 화평을 이루며 하나님의 신실하심을 경험했다(창 26:25). 그는 아브라함의 아들 가운데 유일하게 약속 안에서 태어난 자였고, 그의 삶은 언약이 끊기지 않고 이어지는 연결고리로서 중요한 의미를 가진다.

그러나 이삭의 가정 안에서도 인간의 연약함은 여전히 드러났다. 쌍둥이 형제 에서와 야곱은 태어날 때부터 갈등의 중심에 있었다. 에서는 장자의 명분을 가볍게 여겼고, 야곱은 그것을 자기 꾀로 빼앗았다. 리브가와 야곱이 속임수로 이삭의 축복을 빼앗는 사건(창 27장)은 인간이 하나님의 언약을 스스로 이루려는 욕망을 보여준다. 그러나 하나님은 그럼에도 불구하고 야곱을 언약의 계승자로 택하셨다. 인간의 꾀가 아니라 하나님의 선택과 주권이 언약을 이어가는 힘이었다.

야곱은 벧엘에서 하나님을 만났고, 얍복 강가에서 씨름하다가 환도뼈가 부러지는 사건을 통해 완전히 변화된다(창 32장). 그는 자기 꾀와 힘을 내려놓고, 하나님께 매달리는 사람으로 빚어졌다. 그의 이름은 "야곱"에서

"이스라엘"로 바뀌었고, 그의 인생은 새 언약 백성의 시작을 예표했다. 이스라엘이라는 이름은 단순히 한 사람의 이름이 아니라, 장차 하나님의 언약 백성 공동체를 지칭하는 새로운 정체성이 되었다. 이 언약 계보가 이어지는 과정에서 특별히 중요한 사건은 유다와 다말의 이야기(창 38장)이다. 야곱의 열두 아들 가운데 유다는 장자의 자리를 가진 자도 아니었고, 다말은 이방 여인이었다. 그러나 다말은 수치와 위험을 무릅쓰고서라도 언약의 계보를 이어가려 했다. 이 사건을 통해 하나님은 단순히 혈통적, 민족적 계보가 아니라, 믿음을 통해 언약을 잇는 계보를 세우셨다. 이는 창세기 3:15의 "여자의 후손" 언약이 어떻게 역사 속에서 이어져 가는지를 보여주는 분기점이었다.

이 지점에서 성경은 두 줄기로 나뉘어 흐른다.

- 믿음의 줄기: 아브라함 → 이삭 → 야곱 → 다말 → 그리고 하나님이 세우시는 여자의 후손을 통해 새 언약의 중보자로 예수 그리스도가 오심
- 율법의 줄기: 아브라함, 이삭, 야곱, 그리고 모세로 시작해 다윗이 이스라엘 민족 전체를 대표하지만, 이스라엘은 멸망하고 결국 세례 요한에서 마침

하나님은 다말 같은 여인을 사용해 여자의 후손 계보를 이어가시고, 이 줄기를 따라 결국 예수 그리스도가 오시게 하셨다. 반면, 모세는 혈통 계보와 무관하게 율법을 대표하는 인물로 세워져, 이스라엘이 율법을 지켜낼 수 없는 민족임을 증명하는 자리에 섰다. 율법은 결국 인간의 무능을 드러내며, 오직 믿음의 줄기만이 메시아로 이어지는 길임을 분명히 한다. 구약에서는 인간의 불순종을 대표 민족인 이스라엘을 통해 마주 서게 하는 것이 목적이었다.

야곱의 열두 아들 가운데 요셉의 이야기는 창세기의 마지막을 장식한다. 요셉은 형제들의 시기로 애굽에 팔려 갔으나, 억울한 종살이와 옥살이 속에

서도 하나님을 신뢰했다. 그의 인생은 인간의 악의와 하나님의 선하신 섭리가 어떻게 교차하는지를 보여준다. 결국 요셉은 애굽의 총리가 되어 흉년으로부터 많은 생명을 구했고, 형제들을 용서하며 이렇게 고백했다.

> "당신들은 나를 해하려 하였으나 하나님은 그것을 선으로 바꾸사 오늘과 같이 많은 백성의 생명을 구원하게 하시려 하셨나니"
> (창 50:20)

이 고백은 새 언약의 관점에서 중요한 신학적 원리를 드러낸다. 인간은 언제나 자기 욕망과 죄로 언약을 흔들지만, 하나님은 그 실패조차도 구속의 과정으로 사용하신다. 요셉의 이야기는 십자가 사건을 미리 보여주는 그림자였다. 사람들은 예수를 배척하고 십자가에 못 박았지만, 하나님은 그 사건을 인류 구원의 선으로 바꾸셨다.

결론적으로, 아브라함의 언약은 이삭을 거쳐 야곱과 요셉으로 이어지며, 하나님의 주권적 선택과 섭리 속에서 보존되었다. 이삭은 언약의 연결자, 야곱은 언약 백성의 이름을 받은 자, 요셉은 언약을 보존하는 섭리의 도구로 쓰임받았다. 인간의 죄와 실패에도 불구하고, 하나님의 언약은 끊어지지 않고 이어지며, 마침내 새 언약의 성취를 향해 나아가고 있었다.

창세기 26~50장은 언약 계보의 확장을 보여준다.

- 이삭은 언약의 연결자
- 야곱은 죄를 내려놓고 하나님의 사람으로 변화된 자
- 유다의 며느리 다말은 믿음의 줄기가 이어지는 분기점
- 요셉은 하나님의 섭리를 통해 언약 백성을 보존한 자

이로써 창세기는 인간의 죄와 실패, 죄악의 역사 속에서도 하나님이 언약의 씨를 보존하시며, 결국 여자의 후손을 통한 구속사의 길을 열어 가셨음을 증거한다.

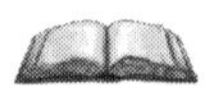

7장

유다와 다말

여자의 후손 언약의 분기점(창세기 38장)

아브라함의 언약은 이삭에게, 그리고 야곱에게로 이어졌다. 그러나 야곱의 열두 아들 안에서 언약의 줄기는 또다시 복잡하게 얽히고 갈라진다. 그중에서도 유다와 다말의 이야기는 창세기의 깊은 골짜기이자, 동시에 하나님의 구속사에서 결코 빼놓을 수 없는 전환점이다.

야곱의 아들 유다는 형제들 가운데 주도적인 인물이었으나, 그의 삶은 하나님 앞에서 온전하지 않았다. 그는 가나안 여인과 결혼하여 세 아들을 두었으나, 장자와 차남은 하나님 보시기에 악하여 죽임을 당했다. 당시의 계대혼인 관습에 따라 셋째 아들 셀라가 성장하면 며느리 다말을 아내로 삼아야 했지만, 유다는 이를 피하려고 다말을 외면했다. 그 순간, 언약의 씨를 이어가야 할 혈통은 끊길 위기에 놓였다.

다말은 단순히 개인의 생존을 위해서가 아니라, 하나님이 아브라함과 야곱을 통해 주신 언약의 계보를 지키려는 담대함을 보였다. 그녀는 수치와 위험을 감수하고 창녀로 가장하여 유다와 동침했고, 그를 통해 쌍둥이 베레스와 세라를 낳았다. 인간의 눈에는 부끄럽고 이해하기 어려운 사건이었지만, 하나님은 바로 그 길을 통해 언약의 씨를 보존하셨다.

베레스의 계보는 훗날 다윗으로 이어지고, 마침내 예수 그리스도로 완성된다(마 1:3). 이 사건은 단순히 한 가문의 이야기나 도덕적 판단을 넘어, 하나님이 언약을 어떤 방식으로든 지키신다는 사실을 증명한다. 사람의 실패와 불의, 심지어 수치스러운 사건조차도 하나님의 손안에서는 구속의 씨앗으로 바뀐다.

여기서 우리는 성경의 두 줄기를 분명히 본다. 하나는 혈통과 율법의 계보이고, 다른 하나는 믿음과 언약의 계보이다. 유다와 다말의 사건은 이 두 길이 갈라지는 분기점이었다. 이스라엘은 율법의 계보를 따라 민족적 대표로 세워졌으나, 그 길은 결국 실패로 끝나고 만다. 반면 다말을 통한 여자의 후손 계보는 예수 그리스도로 이어지며, 새 언약의 성취를 향해 계속 흐른다.

따라서 창세기 38장은 단순한 가족사의 삽화가 아니다. 그것은 창세기 3장 15절에서 약속하신 여자의 후손 언약이 역사 속에서 어떻게 보존되는지를 보여주는 결정적 장면이다. 사람의 시선으로는 이해할 수 없는 방식이지만, 하나님의 마음은 오직 한 가지였다. "내가 약속한 씨를 반드시 이어가겠다. 그 씨가 너희의 구원을 이룰 것이다."

Ehyeh 언약으로 하나님이 이루어 가는 구원의 길.

- 아브라함 → 이삭 → 야곱 → 다말 → (모세의 새 언약 예표) → 라합 → 룻 → (예레미야 언약 공표) → 우리아의 아내 → 마리아 → 새 언약의 중보자 예수 그리스도

이 사건을 통해 드러난 것은 인간의 연약함이 아니라, 오히려 하나님의 신실하심이었다. 다말의 눈물과 위험, 유다의 무책임과 실패, 그 모든 것 위에 하나님의 언약은 꺾이지 않고 이어졌다. 결국 성경이 말하는 구원은 인간의 도덕이나 혈통이 아니라, 하나님이 택하신 언약의 길 위에 세워지는 것이다.

성경은 겉으로 보이는 사람에게 한 언약의 길에서 그리스도가 오시는 것이 아니라 하나님이 스스로 세우신 언약으로 오시는 것을 말씀하는 대서사시이다.

8장

출애굽과 율법

자유인가, 또 다른 종속인가(출애굽기~신명기)

요셉의 후손들은 애굽에서 400년을 지내며 큰 민족으로 번성했다. 그러나 새로운 왕조가 일어나자 그들은 노예로 전락했고, 가혹한 학대 속에서 신음했다. 하나님은 그들의 부르짖음을 들으시고, 모세를 세워 구원의 길을 여셨다. 홍해가 갈라지고, 노예의 사슬이 끊어지는 기적은 단순한 민족 해방이 아니었다. 그것은 하나님이 언약을 잊지 않으시고, 여전히 자신의 백성을 붙드신다는 선언이었다.

그러나 출애굽은 동시에 인간의 죄성이 드러나는 무대가 되었다. 홍해를 건넌 지 며칠 지나지 않아 이스라엘은 원망을 시작했고, 만나와 메추라기를 받으면서도 만족하지 못했다. 하나님은 시내산에서 율법을 주셨지만, 백성들은 그 순간에도 금송아지를 만들어 섬겼다. 자유를 얻은 민족이었으나, 마음은 여전히 종의 자리에서 벗어나지 못한 것이다.

율법은 거룩하신 하나님의 뜻을 드러냈지만, 동시에 인간의 죄를 고발하는 거울이 되었다. "살인하지 말라, 간음하지 말라, 도둑질하지 말라"라는 계명 앞에서, 사람의 내면은 이미 그것들을 범하고 있음이 드러났다. 따라서 율법은 구원의 길이 아니라, 인간이 얼마나 하나님을 사랑할 수 없는지를 보여주는 증거였다.

모세의 사역은 언약 계보와 달리 혈통에 속하지 않은 자가 하나님의 선지자로 부름받았다는 점에서 특별하다. 그는 아브라함의 씨의 직계가 아니라, 율법을 대표하는 선지자로 세워졌다. 이는 하나님께서 이스라엘을 믿음의 계보가 아니라 율법의 대표 민족으로 세우셨음을 보여준다. 그들의 순종과 불순종, 승리와 패배는 곧 인류 전체가 율법 아래에서 결코 하나님께 이르를

수 없음을 증거하는 거대한 무대였다. 현재 많은 신학이 이스라엘을 선민으로 보는 시각에서 하나님이 주신 율법을 지킬 수 있는가를 판단하게 하는 대표민족으로 언약을 봐야 한다. 모세를 출애굽에서 세우고 세례 요한으로 마친 구약이 어떤 의미를 가지는지 "에흐예" 새 언약으로 열어가는 성경으로 전체를 통찰해야 한다.

광야 40년은 이스라엘이 약속의 땅을 차지하지 못한 세월이 아니라, 인간의 죄성과 하나님의 인내가 맞부딪힌 세월이었다. 그들의 불순종은 끊임없이 심판을 불러왔지만, 하나님의 긍휼은 그들을 끝내 버리지 않으셨다. 그러나 모세조차 약속의 땅에 들어가지 못한 것은, 율법이 사람을 온전히 구원할 수 없음을 드러내는 강력한 상징이었다.

출애굽과 광야, 그리고 율법의 시대는 우리에게 중요한 질문을 던진다. "자유를 얻은 자가 과연 하나님을 사랑하는 자유인으로 살 수 있는가?" 이스라엘의 대답은 "아니요"였다. 율법은 그들에게 또 다른 종속이었고, 결국 사람의 마음은 바뀌지 않았다.

그러나 하나님의 대답은 다르다. 이 모든 과정은 장차 오실 메시아, 여자의 후손을 통해 마음에 새겨질 새 언약을 준비하는 그림자였다. 율법이 드러낸 절망 위에서만, 십자가의 은혜가 참된 소망으로 빛나게 될 것이기 때문이다.

9장

율법 아래의 인간, 죄성의 발산

사사기부터 열왕기까지

출애굽의 세대가 지나고, 여호수아가 이끄는 세대는 약속의 땅에 들어갔다. 그러나 정착 후 얼마 지나지 않아, 이스라엘은 하나님의 언약을 잊고 가나안의 우상들을 따랐다. 그들의 삶은 끊임없는 반복이었다.

죄를 짓고 압제를 당하고, 부르짖고 사사가 일어나 구원하는 사이클. 사사기의 기록은 율법이 인간의 마음을 바꾸지 못했음을 적나라하게 드러낸다.

> "그 때에 이스라엘에 왕이 없으므로 사람이 각기 자기의 소견에 옳은 대로 행하였더라" (삿 21:25)

이 구절은 사사기의 결론이자, 율법 아래 놓인 인간의 실상을 보여주는 선언이었다. 이스라엘은 결국 왕을 요구했다. 하나님이 그들의 왕이셨음에도, 사람의 왕을 세워달라고 외쳤다. 이것은 단순한 정치 제도의 요청이 아니라, 하나님을 거부하고 눈에 보이는 지도자를 의지하려는 인간의 본능이었다. 사울, 다윗, 솔로몬으로 이어지는 왕정 시대는 겉으로는 화려했지만, 내면에는 또 다른 실패의 기록이었다.

사울은 불순종으로 버림받았고, 다윗은 하나님께 마음을 드린 왕이었지만 그 역시 간음과 살인의 죄를 범했다. 다윗의 진가가 그의 도덕적 완전성에 있지 않고, 회개와 하나님의 긍휼을 붙드는 데 있다는 사실은 의미심장하다. 하나님은 다윗의 왕조를 보존하셨지만, 그것은 다윗 자체의 공로가 아니라, 장차 다윗의 법적 혈통에서 오실 메시아로 이스라엘을 구원해 주기 위한 언약적 이유였다.

솔로몬은 지혜와 번영의 절정을 이루었지만, 그의 만년은 우상 숭배와 타락으로 점철되었다. 결국 나라가 남북으로 갈라지고, 왕들은 차례로 하나님을 떠났다. 북이스라엘은 끊임없이 우상을 좇다가 앗수르에 의해 멸망했고, 남유다도 바벨론에 의해 포로로 잡혀갔다.

사사기에서 열왕기에 이르는 이 모든 기록은 인간의 죄성이 율법 아래에서 어떻게 드러나는지를 보여준다. 율법은 분명 하나님의 뜻을 밝히 드러냈지만, 사람의 마음을 새롭게 하지는 못했다. 오히려 율법은 인간의 내면 깊숙이 있는 불순종과 교만을 폭로하는 거울이 되었다.

이스라엘은 율법으로 하나님을 사랑하는지를 확인하기 위한 대표민족으로 선택된 민족이었다. 결코 완전한 선민이 아니었다. 그들은 오히려 온 인류를 대표하는 시험대 위에 세워져, 인간이 스스로 하나님을 섬길 수 없음을 증명한 존재였다.

이 시기를 통해 우리는 분명히 본다.

- 사사는 구원의 그림자였을 뿐, 참된 구원자가 아니었다.
- 왕은 지도자의 형식이었을 뿐, 참된 왕이 아니었다.
- 율법은 거룩한 기준이었을 뿐, 사람의 마음을 바꾸는 능력이 아니었다.

따라서 사사기와 열왕기의 역사는 하나의 결론을 향해 흐른다. “사람에게 구원이 없고, 오직 하나님의 새 언약만이 길이다.”

10장

예언자들의 울음

형식적 신앙과 마음 없는 제사(이사야~말라기)

이스라엘의 역사 속에서 하나님은 반복해서 선지자들을 보내셨다. 그들은 단순히 미래를 예언하는 점술가가 아니라, 하나님의 마음을 전하는 대언자였다. 그러나 백성들은 그들의 말을 듣지 않았고, 선지자들의 삶은 눈물과 고통으로 얼룩졌다.

하나님은 이스라엘이 성전에서 수많은 제사와 절기를 지키고 있음에도 그것을 기뻐하지 않으셨다. 왜냐하면 그들의 마음은 하나님께 돌아오지 않았기 때문이다.

이사야는 하나님의 탄식을 이렇게 전했다.

> "너희의 무수한 제물이 내게 무엇이 유익하뇨 나는 숫양의 번제와 살진 짐승의 기름에 배불렀고 … 너희가 내 앞에 보이러 오니 … 내가 가증히 여기는 바요 월삭과 안식일과 대회로 모이는 것도 그러하니 성회와 아울러 악을 행하는 것을 견디지 못하겠노라" (사 1:11-14)

겉으로는 화려한 예배였지만, 그 속에는 회개와 사랑이 없었다. 예배는 형식이 되었고, 제사는 거래가 되었으며, 하나님의 법은 삶과 동떨어진 율법 조문으로 전락했다.

예레미야는 눈물의 선지자로 불렸다. 그는 예루살렘의 멸망을 바라보며, 하나님의 슬픔을 함께 느꼈다. 그는 "너희는 마음을 다해 여호와께로 돌아오라"라고 외쳤지만, 백성은 돌이키지 않았다. 결국 성전은 불타고, 백성은 바벨론에 끌려갔다. 예레미야의 탄식은 단지 한 나라의 멸망에 대한 애도가 아니라, 하나님과의 언약이 파기되는 장면에 대한 울음이었다.

에스겔은 바벨론 포로지에서 하나님의 영광이 성전을 떠나는 환상을 보았다. 하나님은 더 이상 건물 속에 갇히지 않으셨다. 하나님의 임재는 형식적인 종교 의식이 아니라, 회개하는 심령과 순종하는 마음에 거하시겠다고 선언하셨다.

호세아는 음란한 여인 고멜과의 결혼을 통해, 하나님의 사랑과 배신당한 아픔을 몸으로 증거했다. 이스라엘은 끊임없이 우상을 따라 음행했지만, 하나님은 여전히 그들을 "돌아오라, 내가 너희를 고치겠다"라고 부르셨다.

선지자들의 공통된 메시지는 단순하다.

- 하나님은 형식을 원하지 않으신다.
- 하나님은 마음을 원하신다.
- 하나님은 제사보다 순종, 번제보다 상한 심령을 기뻐하신다.

그러나 이스라엘은 끝내 돌이키지 않았다. 그들의 종교는 껍데기가 되었고, 예배는 자기 위안의 수단으로 전락했다. 그 결과 북이스라엘은 앗수르에, 남유다는 바벨론에 무너졌다.

예언자들의 울음은 단지 과거의 탄식이 아니다. 그것은 오늘의 교회를 향한 경고이기도 하다. 교회가 화려한 예배와 프로그램을 가질지라도, 마음에 새 언약이 없다면 하나님 앞에서 아무것도 아니다.

말라기는 구약의 마지막 선지자로서, "여호와의 크고 두려운 날이 이르기 전에 내가 선지자 엘리야를 너희에게 보내리니"(말 4:5)라고 예언했다. 그것은 세례 요한을 통한 마지막 외침을 가리켰다. 율법과 선지자의 모든 울음은 결국 한 방향을 가리켰다. "오직 마음의 할례를 주시는 새 언약, 메시아 예수 안에서만 참된 회복이 있다."

11장

포로기

심판이 아니라 회복의 기회(예레미야애가, 다니엘, 에스겔, 학개 등)

예루살렘은 무너졌다. 성전은 불타고, 왕은 사슬에 묶여 끌려갔으며, 백성은 바벨론 강가에서 눈물을 흘렸다. 하나님의 언약 백성이라 자부하던 이스라엘은 역사 속에서 가장 깊은 절망에 빠졌다. 그들의 눈에는 하나님의 약속마저 사라진 듯 보였다. 그러나 포로기는 끝이 아니라, 오히려 새 언약을 준비하는 또 다른 시작이었다.

예레미야애가는 이 절망의 현장에서 흘린 탄식의 노래였다. "여호와의 인자와 긍휼이 무궁하시므로 우리가 진멸되지 아니함이니이다"(애 3:22)라는 고백은, 심판의 폐허 위에서도 하나님의 자비가 여전히 살아 있음을 증언한다.

에스겔은 포로 된 땅에서 놀라운 환상을 보았다. 성전에서 떠나가신 하나님의 영광이 다시금 돌아오실 것을 예언했고, 마른 뼈들이 살아나는 환상으로, 죽은 이스라엘이 다시 살아날 것임을 선포했다(겔 37장). 하나님은 "내 영을 너희 속에 두어 너희로 살게 하리라"라고 약속하셨다. 이는 돌판이 아닌 마음에 하나님의 법을 새기는 새 언약의 전조였다.

다니엘은 포로지에서도 믿음을 지켰다. 금 신상 앞에 절하지 않았고, 사자굴 속에서도 하나님만을 의지했다. 그의 삶은 포로의 땅에서도 하나님 나라의 백성으로 사는 것이 가능하다는 증거였다. 또한 그는 환상을 통해 장차 올 메시아의 나라와 마지막 심판을 보았다. 다니엘에게 포로기는 하나님의 계획이 멈춘 시간이 아니라, 역사의 주권자가 여전히 하나님이심을 드러내는 무대였다.

학개와 스가랴 같은 선지자들은 포로 귀환 이후 성전 재건을 촉구했다. 그러나 하나님이 원하신 것은 돌로 지은 성전이 아니라, 다시 하나님을 향한 회복된 마음이었다. 포로의 고난은 단순한 징벌이 아니었다. 그것은 자기 힘과 율법에 의지하던 이스라엘을 깨뜨려, 오직 하나님의 은혜와 새 언약을 사모하게 만드는 훈련이었다. 포로기는 우리에게 중요한 교훈을 남긴다.

- 하나님의 심판은 끝이 아니라 회복의 문이다.
- 사람의 힘은 무너져도, 하나님의 언약은 무너지지 않는다.
- 하나님은 성전을 넘어, 사람의 마음에 거하시려 한다.

이스라엘은 비로소 깨달았다. 그들은 율법을 대표하는 민족으로 선택받은 민족이었지만, 그 선택은 특권이 아니라 사명임을. 그리고 하나님은 무너진 자리에서 새로운 언약을 예고하셨다.

포로기의 어둠은 새벽을 준비했다. 율법의 시대가 실패로 막을 내릴 때, 하나님은 이미 스스로 에흐예 언약으로 구원의 길을 감당해야 함을 준비하셨다. 마음에 새겨질 십자가 새 언약을 향해 역사를 이끌고 계셨다. 이스라엘에 대한 심판은 하나님의 분노가 아니라, 사랑을 회복하기 위한 외과적 수술이었다. 결국 포로기는 하나님의 백성이 진짜로 하나님만을 바라보게 만드는 회개의 훈련장이자 새 언약의 문턱이었다.

12장

침묵기

하나님의 침묵 속에도 흐르는 계획(말라기 이후 400년)

말라기의 예언이 끝난 후, 약 400년 동안 하나님의 음성은 들리지 않았다. 선지자도, 새로운 계시도, 하나님의 말씀도 나타나지 않았다. 이 시기를 흔히 "신구약 중간기", 곧 하나님의 침묵기라 부른다. 그러나 이 침묵은 하나님이 역사를 포기하신 시간이 아니었다. 오히려 하나님의 구속사가 다음 장면을 준비하는 보이지 않는 무대였다.

이스라엘은 바벨론, 페르시아, 헬라, 로마 제국의 지배를 차례로 경험했다. 각 제국은 이스라엘에게 고통과 억압을 남겼지만, 동시에 복음이 전해질 길을 열어 놓았다. 헬라 제국은 헬라어라는 공용 언어를 세계에 퍼뜨렸고, 이는 훗날 신약 성경이 쓰이고 전파되는 토대가 되었다. 로마 제국은 도로와 치안, 행정 체계를 통해 복음이 신속하게 확산될 길을 마련했다. 하나님은 침묵 속에서도, 역사의 무대를 정교하게 준비하고 계셨다.

이 시기 이스라엘 종교는 더욱 복잡해졌다. 바리새인과 사두개인, 에세네파, 열심당과 같은 종파들이 등장했다. 그들은 각기 다른 방식으로 하나님을 섬기려 했지만, 결국은 율법을 형식화하거나 권력을 추구하는 길로 빠졌다. 경건의 모양은 있었으나, 마음은 하나님께 멀어졌다. 성전은 존재했으나, 하나님의 임재는 느껴지지 않았다.

그러나 하나님은 이미 약속하셨다. "내가 내 언약을 새롭게 하겠다." 침묵의 시간은 하나님의 약속을 잊으신 시간이 아니라, 언약을 실현할 때가 무르익기를 기다리는 인내였다. 세례 요한이 광야에서 외치는 소리가 되기 전까지, 하나님은 역사의 심장 박동을 멈추지 않고 계셨다. 이 400년의 침묵은 오늘 우리에게 중요한 신학적 메시지를 전한다.

- 하나님의 침묵은 부재가 아니라 준비다.
- 사람이 보기에는 멈춘 같아도, 하나님의 구속사는 계속 흐른다.
- 형식적 신앙의 끝에서만, 참된 메시아의 필요가 절실히 드러난다.

마지막 선지자 말라기는 "여호와의 크고 두려운 날이 이르기 전에 내가 엘리야를 보내리니"(말 4:5)라고 예언했다. 그 예언은 400년의 침묵을 건너 세례 요한에게서 성취된다. 그는 광야에서 "회개하라, 천국이 가까이 왔다"라고 외쳤고, 그 외침은 다시금 하나님의 음성이 세상에 울려 퍼지는 순간이었다.

침묵은 결코 끝이 아니었다. 침묵은 곧 도래할 새 언약의 외침을 위한 숨 고르기였다. 아담으로부터 시작된 인류를 향한 구원은 하나님이 스스로 준비하시고 계획하시고 실행되는 역사 속에서 나타났다. 하나님의 말씀이 사람의 몸을 입고 오실 그날, 하늘은 다시 열리고, 침묵은 찬송으로 바뀌게 될 것이었다.

13장

예수, 에흐예 언약으로 오시다

복음서 1(마태~누가)

400년의 침묵을 깨고, 하나님은 마침내 에흐예 언약의 씨앗을 세상에 보내셨다. 그 씨앗은 사람의 가문이나 민족적 특권으로 오신 것이 아니라, 성령으로 잉태되어 동정녀 마리아에게서 태어나셨다. 예수의 탄생은 단순한 기적이 아니라, 창세기 3장 15절의 언약이 역사 속에 실현된 사건이었다. "여자의 후손이 뱀(사탄)의 머리를 상하게 하리라." 이 오래된 언약이 비로소 구체적인 이름과 얼굴을 가지게 된 것이다.

마태복음은 예수님의 족보를 통해 아브라함과 다윗을 거쳐 이어지는 계보를 보여준다. 그러나 그것은 율법으로 불순종한 이스라엘을 향해 구원의 길을 보여주시는 하나님의 은혜이다. 예수가 다윗의 자손으로 왔으니 구원을 받으라는 하나님의 외침의 기록이다. 모든 인류를 향한 구원은 하나님이 직접 선택하고 기록한 여자의 계보로 나타나게 되었다. 다말, 라합, 룻과 같은 이방 여인들의 이름이 기록되어 있다. 이는 하나님의 구원이 혈통이나 율법의 울타리에 갇히지 않고, 믿음으로 응답하는 모든 자에게 열려 있음을 드러낸다. 인간의 실패와 수치의 역사조차도 하나님의 구속사 안에서는 은혜의 통로가 된다.

누가복음은 가난하고 소외된 자들을 향한 예수의 따뜻한 시선을 강조한다. 예수의 탄생 소식을 처음 들은 자들이 목자였다는 사실은 상징적이다. 세상의 중심부가 아니라 변두리에서, 권력자가 아니라 무명한 자들 가운데서 메시아의 소식이 울려 퍼졌다. 하나님은 스스로 낮아지신 아들을 통해, 세상의 가치 기준을 전복하셨다.

예수의 공생애는 세례 요한의 외침으로 시작되었다. "회개하라, 천국이 가까이 왔느니라." 요한은 율법의 마지막 선지자요, 새 언약의 길을 예비하는 자였다. 그는 자기 자신을 드러내지 않고, 오직 오실 그분을 가리켰다.

"보라 세상 죄를 지고 가는 하나님의 어린 양이로다"(요 1:29)

예수께서는 가난한 자에게 복음을 전하시고, 눌린 자를 자유롭게 하셨다. 병든 자를 고치고, 귀신을 쫓아내시며, 하나님 나라의 도래를 선포하셨다. 그러나 그분의 기적과 능력의 사역은 하나님 나라의 본질을 드러내는 표징이었다. 하나님 나라란 율법적 행위가 아니라, 하나님과의 관계 회복, 곧 마음에 새겨진 사랑의 통치였다.

예수께서는 산상수훈에서 하나님의 백성이 살아가야 할 새로운 삶의 원리를 선포하셨다.

"마음이 청결한 자는 복이 있나니 그들이 하나님을 볼 것임이요" (마 5:8)

율법의 외적 행위를 넘어, 마음의 동기를 문제 삼으신 말씀은 바로 새 언약의 성격을 드러낸다. 하나님이 원하시는 것은 제사의 형식이 아니라, 마음에 기록된 계명, 하나님만을 사랑하는 심령이었다.

예수의 탄생과 사역은 창세기에서 예언된 씨, 율법과 선지자가 지향한 목표, 여호와 하나님이 말씀하신 "나의 법을 그들의 속에 두며 마음에 기록하시겠다는 새 언약"(렘 31:33)의 나타남이다. 포로기와 침묵기가 기다려온 소망의 성취였다. 세상은 그분을 알아보지 못했으나, 하나님의 구원 역사는 조용히, 그러나 확실히 시작되고 있었다.

14장
십자가와 피, 마음의 법을 쓰시는 하나님

복음서 2(요한복음 중심)

예수님 사역의 절정은 단순한 가르침이나 기적이 아니었다. 그것은 십자가였다. 요한복음은 예수의 공생애를 '표적'으로 설명하면서, 그 표적들이 모두 십자가를 향해 달려가고 있음을 드러낸다. 가나 혼인 잔치의 물이 포도주로 변한 사건은, 장차 흘리실 예수의 피를 상징했고, 오병이어의 기적은 그분이 생명의 떡이심을 예고했다. 모든 사역의 중심에는 십자가와 피, 곧 하나님의 새 언약이 놓여 있었다.

예수는 니고데모와의 대화에서 분명히 말씀하셨다.

"사람이 물과 성령으로 나지 아니하면 하나님의 나라에 들어갈 수 없느니라" (요 3:5)

이는 율법적 행위가 아니라, 십자가의 피로 새롭게 되는 거듭남을 의미했다. 요한복음 6장에서 예수는 더 노골적으로 말씀하셨다.

"내 살은 참된 양식이요 내 피는 참된 음료로다" (요 6:55)

이 말씀은 단순히 성만찬을 예표하는 것이 아니었다. 그것은 인간의 마음 깊은 곳에 새겨질 십자가의 법을 가리킨 것이다. 예수의 피 없이는 결코 구원이 없다. 그 피가 우리의 마음을 찢고 새롭게 하지 않는다면, 그 어떤 신앙적 열심도 하나님 앞에 설 수 없다. 십자가는 단순한 비극이 아니었다. 그것은 하나님이 자신의 사랑을 언약으로 새기신 사건이었다.

요한은 이렇게 증언한다.

“하나님이 세상을 이처럼 사랑하사 독생자를 주셨으니”(요 3:16)

이 사랑은 추상적인 감정이 아니라, 실제 피 흘림으로 보증된 언약이었다. 하나님은 자기 아들의 피로 우리 마음에 계명을 기록하셨다.

예수께서 십자가 위에서 마지막으로 하신 말씀, “다 이루었다”(요 19:30)라는 선언은 율법의 완전한 마침이자 새 언약의 시작이었다. 제사장들의 반복된 희생 제사가 더 이상 필요 없게 되었고, 성전 휘장은 위에서 아래로 찢어졌다. 이제 하나님의 임재는 성전 건물 안이 아니라, 새 언약으로 거듭난 성도의 마음에 거하시게 되었다.

십자가 사건은 단순히 인류의 죄를 대신한 ‘대속’만이 아니다. 그것은 하나님이 자기 백성의 마음에 자신의 법을 새기신 사건이다. 예수의 피가 마음을 적시지 않는다면, 신앙은 여전히 율법적 종교에 머무른다. 그러나 그 피가 마음을 뚫고 들어올 때, 우리는 비로소 하나님을 사랑하고, 죄를 미워하며, 성령의 인도 안에서 새로운 피조물로 살아가게 된다.

요한복음은 십자가를 “영광”이라 부른다. 세상눈에는 저주와 실패였으나, 하나님 눈에는 가장 큰 승리였다. 왜냐하면 그곳에서 인간의 교만이 무너지고, 하나님의 사랑이 완성되었기 때문이다.

하나님은 십자가를 마음에 새겨주길 원하셨고 그 십자가를 마음에 새긴 자들이 하나님만을 사랑하게 된다. 하나님은 십자가로 사랑을 보여주셨기에 이제 우리가 거저 얻은 은혜에 만족하는 자가 아니라 하나님만을 사랑하는 자들이 되기를 원하신다. 그렇게 되어야 사람은 거듭나기 때문이고 하나님의 거룩함에 참여하기 때문이다. 그래서 십자가는 패배가 아니라, 하나님의 마음이 세상에 새겨진 자리였다.

15장

성령의 시대, 교회 탄생

사도행전

예수께서 십자가에서 "다 이루었다" 말씀하시고 부활하신 후, 제자들에게 마지막 당부를 남기셨다.

> "오직 성령이 너희에게 임하시면 너희가 권능을 받고 예루살렘과 온 유대와 사마리아와 땅 끝까지 이르러 내 증인이 되리라" (행 1:8)

이 약속은 단순한 위로가 아니었다. 그것은 새 언약의 다음 장을 여는 선언이었다. 예수의 피로 세워진 새 언약이 이제 성령을 통해 사람들의 마음에 실제로 기록되기 시작한 것이다.

부활의 주님은 성부와 함께 성령을 보내시고, 성령은 새 언약을 마음에 새긴 자들을 붙들어 하나님의 나라를 이 땅 가운데 이루신다. 오순절 날, 하늘로부터 급하고 강한 바람 같은 소리가 있었고, 불의 혀 같은 것이 각 사람 위에 임했다. 그들은 성령의 충만함을 받아 방언으로 말하기 시작했다. 이것은 단순한 신비 현상이 아니라, 하나님이 돌판이 아닌 사람의 마음에 직접 자신의 법을 새기시는 역사적 순간이었다. 예레미야가 예언한 '마음에 새기실 새 언약'(렘 31:33)이 비로소 이루어진 것이다.

사도행전의 초대 교회는 건물이나 제도보다 생명력으로 시작되었다. 그들은 사도의 가르침을 받아 서로 교제하며 떡을 떼고, 기도하기를 힘썼다(행 2:42). 물건을 서로 통용하고, 자기 소유를 팔아 필요한 자들에게 나누어 주었다. 교회는 제도적 조직이 아니라, 십자가의 사랑과 성령의 인도 안에서 살아 움직이는 공동체였다.

그러나 성령의 역사는 단순히 교회 내부의 교제로 끝나지 않았다. 복음은 박해와 핍박을 뚫고 퍼져나갔다. 스데반은 돌에 맞아 죽으면서도 하늘을 우러러보며 "저들을 용서하소서"라고 기도했다. 그의 순교는 복음이 예루살렘을 넘어 유대로, 사마리아로, 이방 세계로 확장되는 계기가 되었다.

사도행전은 곧 성령행전이라 불릴 만하다. 사람의 전략이 아니라, 성령의 인도하심이 교회를 이끌었다. 빌립은 광야에서 에티오피아 내시에게 복음을 전했고, 베드로는 고넬료의 집에서 이방인에게도 성령이 임하는 것을 보았다. 바울은 다메섹 도상에서 부활하신 주님을 만나, 이방인의 사도로 부르심을 받았다. 그가 발걸음을 옮길 때마다, 성령은 길을 막기도 하시고 열기도 하시며 복음의 확장을 주도하셨다.

초대 교회의 역사는 우리에게 두 가지 사실을 분명히 일깨운다. 첫째, 교회는 인간의 지혜와 제도로 세워지지 않는다. 교회는 성령이 세우신다. 둘째, 교회의 존재 목적은 내부의 안정이 아니라, 세상 속에서 그리스도의 증인이 되는 것이다.

십자가의 피로 세워진 새 언약은 성령의 권능으로 현실화되었다. 이제 하나님은 더 이상 성전에 거하지 않으시고, 성령으로 거듭난 성도의 마음에 거하신다. 성령의 시대, 교회의 탄생은 곧 새 언약이 실제 역사 속에서 시작되었음을 선포하는 사건이었다.

16장

편지로 심은 복음

바울과 사도들의 서신

사도행전이 성령의 능력으로 세워진 교회의 시작을 보여주었다면, 서신서는 그 교회가 실제로 어떻게 믿음을 지키고 살아가야 하는지를 가르쳐 준다. 복음이 전파된 곳마다 교회가 세워졌고, 사도들은 편지를 통해 새 언약 백성의 삶을 구체적으로 가르쳤다.

바울의 서신은 그 중심에 있다. 그는 자신을 "율법의 의로는 흠이 없는 자"였다고 고백했지만(빌 3:6), 다메섹 도상에서 부활하신 예수를 만난 후, 자신의 모든 의를 배설물로 여겼다. 바울의 신학은 단순히 교리적 설명이 아니라, 십자가를 만난 사람의 실존적 고백이었다. 그는 반복해서 선언했다.

> "내가 그리스도와 함께 십자가에 못 박혔나니 그런즉 이제는 내가 사는 것이 아니요 오직 내 안에 그리스도께서 사시는 것이라"(갈 2:20)

바울의 편지는 교리와 삶을 동시에 다루었다. 로마서는 복음의 본질, 곧 인간의 죄와 하나님의 의, 그리고 믿음으로 의롭다 하심을 체계적으로 설명했다. 그러나 그것은 추상적 교리가 아니라, 실제로 마음에 새겨져야 하는 진리였다. 고린도전후서는 문제 많은 교회 속에서 십자가 신앙의 길을 다시 붙잡도록 이끌었고, 갈라디아서와 빌립보서는 율법주의와 자랑을 버리고 오직 은혜와 기쁨으로 살도록 촉구했다. 에베소서와 골로새서는 교회를 그리스도의 몸으로 묘사하며, 성도가 새 언약 안에서 서로 연결된 공동체임을 선포했다.

베드로와 요한의 서신도 같은 맥락이다. 베드로는 "너희가 거듭난 것은 썩어질 씨로 된 것이 아니요 썩지 아니할 씨로 된 것이니"(벧전 1:23)라고 말하며, 새 언약 백성이 살아가는 거룩함과 소망을 강조했다. 요한은 더욱 직접적으로, 하나님과의 교제를 사랑으로 정의했다.

> "하나님은 사랑이시라 사랑 안에 거하는 자는 하나님 안에 거하고 하나님도 그의 안에 거하시느니라" (요일 4:16)

서신들은 한결같이 성령의 통치를 전제한다. 율법은 외부에서 강제하는 명령이었지만, 새 언약은 성령이 내적으로 이끄시는 삶이다. 그래서 바울은 성령을 따라 행하지 않는 자는 여전히 육신에 속한 자라고 단호히 말한다(롬 8:5-9). 새 언약 백성은 자기 힘으로 경건하게 사는 자가 아니라, 십자가에 죽고 성령으로 사는 자다.

편지로 심어진 복음은 단순한 가르침이 아니라, 초대 교회 성도들의 실제 삶을 형성했다. 박해 속에서도 기도와 찬송으로 버텼고, 가난 속에서도 서로의 필요를 채워 주었으며, 죽음의 위협 속에서도 예수를 주라 고백했다. 그들의 삶은 편지의 증거였고, 편지는 그들의 삶을 새 언약으로 굳건히 세워 주었다.

결국 서신서는 오늘 우리에게도 같은 질문을 던진다.

> "너희는 우리로 말미암아 나타난 그리스도의 편지니, 오직 살아계신 하나님의 영으로 쓴 것이며, 오직 육의 마음판에 쓴 것이라" (고후3:3)

"너희 안에 정말로 그리스도가 사시느냐? 너희의 신앙은 교리로만 머물러 있느냐, 아니면 십자가의 피가 너희 마음에 새겨져 있느냐?" 새 언약은 지식이 아니라, 우리의 마음판에 기록되는 그리스도의 할례로 쓰신 편지이다. 오늘 교회는 다시 이 사실을 붙들어야 한다.

17장
복음의 왜곡과 인간 중심의 교회로 흐르기 시작함

사도들과 계시록의 경고

사도들의 서신은 초대 교회가 새 언약의 순수한 길을 걸어가도록 세워진 영적 기둥이었다. 그러나 교회가 확장되면서, 복음은 점차 사람의 욕망과 결합하여 변질되기 시작했다. 이는 단순히 교리상의 문제가 아니라, 마음의 중심이 하나님에서 인간으로 옮겨지는 심각한 왜곡이었다.

바울은 이미 갈라디아 교회에서 그 위험을 직시했다. 어떤 이들은 복음을 받아들이되, 다시 율법의 행위로 돌아가려 했다. 그는 단호하게 선언했다.

> "다른 복음은 없나니, 다만 어떤 사람들이 너희를 교란하여 그리스도의 복음을 변하려 함이라"(갈 1:7)

새 언약의 본질은 예수 그리스도의 십자가와 부활로 주어진 자유인데, 사람들은 다시 외적 행위와 형식으로 돌아가려 했다.

또한 고린도 교회는 은사의 풍성함 속에서도 교만과 분열에 빠졌다. 바울은 십자가의 길을 잃어버린 그들에게 "그리스도의 십자가가 헛되지 않게 하려"(고전 1:17) 복음을 다시 붙들라고 외쳤다. 이것은 오늘날 교회에도 여전히 유효한 경고이다.

교회가 세상 속에서 자리를 잡아갈수록, 신앙은 점점 더 인간 중심으로 기울어졌다. 복음은 고난과 자기 부인의 길이 아니라, 성공과 번영을 위한 도구로 오해되기 시작했다. 은혜는 값없이 주어진 사랑이지만, 그것을 값싼 면죄부로 전락시키는 풍조가 자리 잡았다. 회개 없는 믿음, 십자가 없는 구원, 순종 없는 은혜가 교회의 현주소가 되어갔다.

요한계시록의 서두에서 예수께서 일곱 교회에 보내신 메시지는 이러한 왜곡의 실상을 드러낸다. "너의 처음 사랑을 버렸느니라"(계 2:4), "네가 살았다 하는 이름은 가졌으나 죽은 자로다"(계 3:1)라는 말씀은 교회가 이미 형식과 외형에 갇혀 본질을 잃어버렸음을 경고한다.

복음의 왜곡은 언제나 두 가지 방향에서 나타났다.

첫째, 율법주의적 왜곡, 믿음을 외적 규율과 행위적 순종으로 환원하는 것.

둘째, 방종적 왜곡, 은혜를 핑계로 자신의 죄성을 가볍게 여기는 것.

이 두 극단은 서로 반대처럼 보이지만, 공통적으로 새 언약의 본질, 곧 십자가 마음의 할례를 거부한다는 점에서 같다. 율법주의는 자기 의로 가득 차게 하고, 방종은 자기 욕망에 사로잡히게 한다. 결국 모두 자기를 부인하지 않는 신앙이며, 그 끝은 하나님 나라의 길에서 멀어지는 것이다.

오늘날 교회가 직면한 위기 역시 이 지점에서 시작된다. 복음은 사람을 살리기 위해 주어졌는데, 사람이 복음을 자기 욕망을 정당화하는 수단으로 삼을 때, 교회는 본질을 잃고 세상과 다르지 않은 집단으로 전락한다.

새 언약은 단호하게 말한다. 복음은 인간 중심으로 왜곡될 수 없는 하나님의 십자가를 통한 계명이다. 십자가의 보혈이 마음에 새겨질 때만이 구원이 있고, 그 삶은 오직 성령의 인도하심 속에서 이루어진다. 교회가 다시금 이 본질로 돌아오지 않는다면, 아무리 크고 화려한 예배당이라 할지라도 하나님의 마음에는 죽은 교회일 뿐이다.

18장

교회에 보내는 마지막 경고

요한계시록 1~3장

요한계시록은 단순히 종말의 사건을 예언하는 책이 아니다. 그것은 무엇보다도 교회에 보내는 하나님의 편지이다. 사도 요한은 밧모섬에서 환상을 보았을 때, 먼저 일곱 교회에 주시는 주님의 음성을 기록하도록 부르심을 받았다. 이는 시대를 막론하고 모든 교회가 새겨야 할 하나님의 경고이자 사랑의 촉구였다.

에베소 교회는 교리와 인내로 칭찬을 받았으나, “너의 처음 사랑을 버렸느니라”(계 2:4)라는 책망을 받았다. 신앙의 열심이 남아 있어도, 사랑 없는 신앙은 이미 죽어가는 신앙이었다. 서머나 교회는 환난과 궁핍 속에서도 믿음을 굳게 지켜 “죽도록 충성하라”(계 2:10)라는 위로와 권면을 받았다. 버가모 교회는 세상의 우상과 타협하여 믿음을 더럽혔고, 두아디라 교회는 거짓 교사 이세벨의 미혹을 용납했다.

사데 교회는 겉으로는 살아 있는 것처럼 보였으나, 주님은 “네가 살았다 하는 이름은 가졌으나 죽은 자로다”(계 3:1)라고 단언하셨다. 빌라델비아 교회는 작은 능력을 가지고도 말씀을 지켰기에 열린 문을 허락받았다. 그러나 라오디게아 교회는 차지도 덥지도 않은 미지근한 상태로, 물질적 풍요 속에 영적으로는 가장 가난한 교회였다. 주님은 그들을 향해 “네가 이같이 미지근하여 뜨겁지도 아니하고 차지도 아니하니 내 입에서 너를 토하여 버리리라”(계 3:16) 하셨다.

이 일곱 교회의 초상은 단지 초대 교회만의 문제가 아니다. 그것은 오늘 모든 교회의 거울이자, 새 언약 신앙이 반드시 점검해야 할 실체이다. 주님은 교회가 외형적으로는 성공할 수 있어도, 마음의 할례 없이는 그분 앞에서 설 수 없음을 분명히 하신다.

특히 라오디게아 교회에 주신 말씀은 시대를 초월한 경고이다. 교회가 풍요와 자기만족에 안주할 때, 주님은 교회 밖에서 문을 두드리시는 낯선 분이 된다(계 3:20). 새 언약의 교회는 크기나 화려함으로 평가되지 않는다. 오직 십자가 보혈로 마음에 계명을 새긴 자들이 모인 공동체가 참교회다.

요한계시록 1~3장은 종말론적 사건을 향한 서막이 아니라, 종말을 기다리는 교회가 어떻게 서 있어야 하는지를 밝히는 신앙의 심판대이다. 이 말씀 앞에서 각 교회와 성도는 자기 자신을 돌아보아야 한다. 내가 처음 사랑을 버리지 않았는가? 나는 환난 가운데서도 충성하고 있는가? 나는 세상과 타협하거나, 미지근한 신앙에 머물러 있지는 않은가? 주님의 음성은 오늘도 동일하다.

"귀 있는 자는 성령이 교회들에게 하시는 말씀을 들을지어다"
(계 3:22)

에흐예 새 언약 신앙은 이 음성을 마음에 새기는 데서 시작한다. 종말의 시대를 살아가는 교회는 무엇보다도 먼저, 자기 자신 안에 있는 타락과 형식주의, 무관심을 회개해야 한다. 그리고 다시 하나님을 향한 처음 사랑, 십자가 마음의 순결한 고백으로 돌아가야 한다.

19장

보좌의 하나님과 어린양의 승리

요한계시록 4~11장

사도 요한이 밧모섬에서 본 환상은 하늘 보좌의 장엄한 광경으로 이어졌다. 하늘 문이 열리고, 보좌에 앉으신 이와 그 앞에서 경배하는 천상의 존재들이 나타났다. 이는 모든 역사의 주권자가 하나님이심을 선포하는 장면이다. 인간의 왕좌와 세상의 권세는 일시적이지만, 하나님의 보좌는 영원하며 흔들리지 않는다.

보좌 앞에는 일곱 등불, 곧 성령이 불타고 있었고, 네 생물은 밤낮 쉬지 않고 "거룩하다 거룩하다 거룩하다 주 하나님 곧 전능하신 이여"(계 4:8)라고 찬송했다. 이 찬송은 단지 천상의 예배를 묘사하는 것이 아니라, 교회가 드려야 할 예배의 본질을 보여준다. 예배란 하나님의 거룩과 영광 앞에 온전히 엎드리는 행위이다.

이어 요한은 보좌에 앉으신 이의 오른손에 일곱 인으로 봉한 두루마리를 보았다. 그것은 세상의 심판과 구원의 비밀을 담은 하나님의 책이었다. 그러나 아무도 그 두루마리를 펼 자격이 없었다. 요한이 울었을 때, 장로 중 한 사람이 말하였다.

> "유대 지파의 사자 다윗의 뿌리가 이겼으니 그 두루마리와 그 일곱 인을 떼시리라"(계 5:5)

그때 요한이 본 것은 사자가 아니라, 도살당한 어린양이었다. 세상을 이기는 힘은 폭력과 권세가 아니라, 죽임당한 어린양의 피였다. 하나님의 구원 계획은 십자가의 패배 같은 승리로 완성되었다.

어린양이 인을 떼자, 세상에 전쟁과 기근과 죽음이 임했다. 이는 단순한 예언이 아니라, 세상 역사 속에서 반복되어 나타나는 심판의 원리를 드러낸다. 인간이 하나님을 떠날 때, 세상은 반드시 자기 죄의 열매를 거둔다. 그러나 그 심판의 과정 속에서도 하나님의 백성은 인침을 받는다(계 7:3-4). 어린양의 피로 마음에 예수의 피를 새긴 십자가 계명, 새 언약을 가진 자만이 하나님의 보호를 입는다.

일곱 나팔 심판이 이어지면서 세상은 점점 더 심각한 환난에 빠진다. 땅과 바다와 강과 하늘이 흔들리고, 인류의 삼분의 일이 재앙을 당한다. 그러나 사람들은 여전히 회개하지 않고, 도리어 우상에게 절하며 죄악에 머문다(계 9:20-21). 이는 인간의 고집스러운 죄성을 드러내는 장면이다. 심판은 단순히 파괴를 위한 것이 아니라, 회개로 부르시는 하나님의 마지막 경고임에도 불구하고, 사람들은 끝내 그 부르심에 응답하지 않는다.

이 사이에서 요한은 작은 두루마리를 받아먹으라는 명령을 받는다(계 10장). 그것은 입에는 꿀같이 달았으나, 배에는 쓰게 느껴졌다. 하나님의 말씀은 달콤한 위로이지만, 동시에 심판과 경고를 전해야 하는 쓰라린 사명도 함께 담고 있다. 교회와 성도는 이 말씀을 전하는 증인의 삶으로 부름을 받았다.

마침내 두 증인이 등장한다(계 11장). 그들은 권세를 받고 세상 앞에서 예언하다가 짐승에게 죽임을 당하지만, 다시 살아나 하늘로 올라간다. 이는 교회의 길이 곧 십자가와 부활의 길임을 보여준다. 세상은 증언하는 교회를 짓밟을 수 있으나, 결코 멸망시킬 수 없다. 어린양의 생명이 교회 안에 있기 때문이다.

요한계시록 4~11장은 우리에게 분명한 진리를 전한다. 보좌에 앉으신 하나님과 어린양의 승리가 모든 역사의 중심이라는 것이다. 교회가 세상 속에서 환난과 핍박을 당할지라도, 결국 최종적인 승리는 하나님께 속한다. 그리고 그 승리는 오직 십자가의 피와 그 사랑에 반응한 성도의 인내와 충성으로 드러난다.

오늘의 교회가 잊지 말아야 할 것은, 세상의 환난보다 더 두려운 것은 처음 사랑을 버리고 회개하지 않는 신앙이라는 사실이다. 인 맞은 자만이 환난 가운데 보호받고, 마지막 생명책에 기록될 수 있다. 그러므로 성도는 언제나 어린양을 바라보고, 그분의 피에 의지해 살아야 한다.

20장

용과 음녀, 미혹의 시대

요한계시록 12~18장

요한계시록의 한가운데에는 교회와 세상의 갈등을 상징적으로 보여주는 장엄한 장면이 등장한다. 한 여자가 해를 입고 달을 밟으며 머리에는 열두 별의 관을 쓰고 있었는데, 아이를 배어 해산하려 하고 있었다(계 12:1-2). 이는 하나님의 백성, 곧 믿음의 공동체를 상징한다. 그러나 큰 붉은 용이 그 여자를 대적하여, 태어난 아이를 삼키려 했다. 아이는 하나님의 보좌 앞으로 들려 올라가고, 여자는 광야로 도망하여 하나님의 보호를 받는다.

이 장면은 단순한 환상이 아니라, 역사의 본질을 드러낸다. 하나님의 백성은 언제나 세상 권세와 영적 대적의 공격을 받는다. 그러나 하나님은 자기 백성을 버리지 않으시고, 때로는 광야 같은 고난 속에서 오히려 보호와 양육을 베푸신다. 용과의 전쟁은 이미 하늘에서 패배한 싸움이다.

> "하늘에 전쟁이 있으니 미가엘과 그의 사자들이 용과 더불어 싸울새 … 큰 용이 내쫓기니 옛 뱀 곧 마귀라고도 하고 사탄이라고도 하며" (계 12:7-9)

결국 용은 땅으로 쫓겨났고, 성도들은 어린양의 피와 증언하는 말로써 이겼다(계 12:11).

그러나 사탄의 전략은 직접적인 공격만이 아니다. 그는 세상의 권력과 종교를 이용해 교회를 미혹한다. 계시록 13장은 바다에서 나온 짐승과 땅에서 나온 짐승, 곧 정치적 권세와 거짓 종교 권세의 연합을 보여준다. 그들은 사람들로 하여금 짐승의 표를 받게 하고, 하나님보다 세상을 경배하게 만든다. 이는 단순히 마지막 시대에 나타날 특정한 존재만이 아니라, 역사 속에서 반복되어 나타나는 권력과 종교의 타락한 결탁을 상징한다.

이어 요한은 음녀 바벨론을 본다(계 17~18장). 화려한 옷을 입고 금잔을 들고 있는 음녀는 땅의 왕들과 행음하고, 성도들의 피에 취해 있다. 그녀의 이름은 "큰 바벨론, 땅의 음녀들과 가증한 것들의 어미"였다. 이는 하나님을 버리고 세상과 짝하여 영광과 쾌락을 추구하는 모든 종교적 타락과 세속적 권세를 상징한다. 결국 큰 성 바벨론은 한순간에 무너지고, 상인들과 왕들은 울부짖으며 그 붕괴를 애통해한다.

계시록 12~18장은 교회가 살아가는 시대적 현실을 분명히 경고한다. 하나님의 백성은 언제나 두 가지 유혹 앞에 선다. 하나는 용의 직접적인 핍박이고, 다른 하나는 음녀와 짐승이 주는 달콤한 미혹이다. 핍박은 교회를 강하게 하지만, 미혹은 교회를 서서히 죽인다. 그래서 요한은 성도들에게 이렇게 권면한다.

> "내 백성아, 거기서 나와 그의 죄에 참여하지 말고 그가 받을 재앙들을 받지 말라"(계 18:4)

새 언약의 관점에서 보면, 음녀와 짐승의 미혹은 단순히 외부의 세력이 아니라, 마음에 새 언약이 없는 신앙을 드러낸다. 겉으로는 교회를 다니고 예배를 드리지만, 마음은 여전히 세상을 사랑하고 자기 욕망을 좇는다면, 이미 음녀의 잔에 취한 것이다. 새 언약은 마음에 하나님의 계명을 새기는 사건이다. 그러므로 마음의 할례 없는 신앙은 끝내 짐승의 표와 다르지 않다.

결국 이 시대의 교회는 두 길 가운데 하나를 선택한다. 어린양의 피로 마음에 언약을 새기고 광야의 길을 걷는 교회, 혹은 바벨론의 화려함과 권세를 붙들다가 멸망하는 교회. 계시록은 분명히 말한다. 최종적으로 승리하는 것은 세상의 권세나 부가 아니라, 어린양의 피와 증언으로 끝까지 충성한 성도들이다.

21장

백마 탄 자의 승리와 최후의 심판

요한계시록 19~21장

요한은 환상 속에서 하늘이 열리고, 흰 말을 탄 이가 나타나는 장면을 보았다. 그 이름은 "충신과 진실"이라 불리며, 눈은 불꽃 같고 머리에는 많은 면류관이 있었다. 그는 피 뿌린 옷을 입고 있었으며, 그 이름은 하나님의 말씀이라 불렸다(계 19:11-13). 이 모습은 단순한 전사의 형상이 아니라, 십자가에서 피 흘리신 어린양이 만왕의 왕, 만주의 주로 재림하시는 영광의 그림자였다.

백마 탄 자는 정의로 심판하며 싸우신다. 그의 입에서 나오는 예리한 검은 하나님의 말씀을 상징하며, 세상의 모든 권세와 거짓은 그 말씀 앞에 무너진다. 하늘의 군대가 그를 따르지만, 실상 승리는 이미 그의 피와 말씀으로 확보된 것이다. 요한은 짐승과 땅의 임금들과 그 군대가 모여 어린양과 싸우려 하지만, 결국 짐승과 거짓 선지자는 산 채로 불못에 던져지고 만다(계 19:20). 세상의 마지막 전쟁은 긴 싸움이 아니라, 이미 이기신 그리스도의 권세 앞에 무너지는 짧은 심판일 뿐이다.

이어 요한은 천 년 동안 사탄이 결박되는 환상을 본다(계 20:1-3). 이는 문자적 시간 계산의 문제가 아니라, 십자가와 부활로 이미 시작된 하나님의 통치, 곧 사탄의 권세가 결정적으로 꺾였음을 상징한다. 그리스도의 통치 아래 성도들은 왕 같은 제사장으로 부름을 받아, 세상 속에서 하나님 나라를 드러내며 산다. 그러나 천 년이 끝날 때, 사탄은 잠시 풀려나 마지막 미혹을 시도한다. 이는 인류의 역사가 끝날 때까지 계속되는 죄의 도전과 교회의 싸움을 보여준다.

마침내 최후의 심판이 열린다. 하늘과 땅이 그 앞에서 피하고, 크고 작은 죽은 자들이 보좌 앞에 서게 된다. 책들이 펴지고, 또 다른 책, 곧 생명책이 펴진다. 죽은 자들은 자기 행위대로 심판을 받지만, 생명책에 기록되지 않은 자는 다 불못에 던져진다(계 20:12-15). 이것은 단순히 외적 행위의 심판이 아니라, 마음에 새 언약의 계명이 기록되어 있는가를 가늠하는 최종적 심판이다.

새 언약의 시선에서 보면, 최후의 심판은 결국 마음의 인침에 대한 확인이다. 예수를 주라 부른다고 해서 구원이 보장되는 것이 아니라, 그 십자가의 피가 내 마음에 새겨져 있는가, 성령 안에서 자기를 부인하고 하나님의 뜻을 따라 살았는가가 심판의 기준이다. 교회 봉사나 종교적 열심은 겉모습일 뿐, 하나님은 심장의 중심을 보신다.

요한계시록 19~20장은 성도들에게 두 가지 분명한 소망과 경고를 남긴다. 소망은 백마 탄 자, 곧 예수 그리스도의 확실한 승리이다. 교회가 아무리 미약해 보여도, 역사의 결말은 이미 정해져 있다. 경고는 마지막 심판의 날, 생명책에 이름이 없는 자는 결코 구원에 이를 수 없다는 사실이다. 새 언약의 피로 마음에 할례받은 자만이 하나님의 백성으로 인정받는다.

결국 이 장면은 성도의 삶을 다시 일깨운다. 마지막 날은 먼 미래가 아니라, 지금 오늘 내가 어떻게 살고 있는가와 직결된다. 십자가의 피로 날마다 자신을 씻고, 성령의 인도하심 속에 기도와 거룩을 이루는 자가 생명책에 기록된 자이다.

22장

새 하늘과 새 땅, 생명책에 기록된 자들

요한계시록 21~22장

사도 요한의 환상은 마침내 새 하늘과 새 땅으로 이어진다. 처음 하늘과 처음 땅은 없어지고, 바다도 다시 있지 않았다. 요한은 거룩한 성 새 예루살렘이 신부처럼 단장하여 하나님께로부터 내려오는 것을 보았다(계 21:1-2). 이는 단순한 도성의 묘사가 아니라, 하나님의 백성이 완전히 새로워져 하나님과 영원히 함께하는 상태를 상징한다.

하나님은 큰 음성으로 이렇게 선언하신다.

> "보라 하나님의 장막이 사람들과 함께 있으매 하나님이 그들과 함께 계시리니 그들은 하나님의 백성이 되고 하나님은 친히 그들과 함께 계셔서" (계 21:3)

이 말씀은 성경 전체가 향해온 결론이었다. 창세기에서 에덴에서 쫓겨난 인간이, 이제는 다시 하나님과 함께 거하는 회복의 상태로 들어간다. 눈물과 사망과 애통과 아픔이 다 지나가고, 하나님이 모든 것을 새롭게 하신다.

새 예루살렘은 보석처럼 빛나며, 열두 문에는 열두 지파의 이름이, 기초석에는 열두 사도의 이름이 새겨져 있었다. 이는 구약과 신약, 율법과 복음, 모든 언약이 하나로 완성되었음을 보여준다. 그러나 이 성에는 성전이 따로 없다.

> "주 하나님 곧 전능하신 이와 및 어린 양이 그 성전이심이라"
> (계 21:22)

하나님과 어린양이 직접 임재하시므로, 더 이상 중보적 제사나 건물이 필요하지 않다.

성안에서는 흘러나오는 생명수 강이 있었다. 그 강 좌우에는 열두 가지 열매를 맺는 생명 나무가 서 있었고, 그 잎사귀들은 만국을 치료하기 위해 있었다(계 22:1-2). 에덴동산에서 잃어버린 생명 나무가 이제 다시 열려, 모든 백성이 그 열매를 먹고 영생을 누리게 된 것이다.

무엇보다 이 성에 들어가는 기준은 분명하다.

"어린 양의 생명책에 기록된 자들만 들어가리라"(계 21:27)

이것이 최종적인 구원의 경계선이다. 종교적 행위나 교회의 이름이 아니라, 어린양의 피로 마음에 언약을 새긴 자, 성령 안에서 거룩을 살아낸 자가 생명책에 기록된다. 생명책은 단순한 명부가 아니라, 하나님의 마음에 새겨진 언약의 기록이다.

계시록의 마지막은 주님의 다시 오심에 대한 약속으로 끝난다.

"보라 내가 속히 오리니 내가 줄 상이 내게 있어 각 사람에게 그가 행한 대로 갚아 주리라"(계 22:12)

그리고 교회는 이렇게 응답한다.

"아멘 주 예수여 오시옵소서"(계 22:20)

하나님이 구원의 모든 길을 스스로 이루어 가시는 "에흐예 언약", 십자가를 마음에 두는 새 언약의 관점에서 보면, 성경 전체는 결국 이 고백으로 수렴된다. 창세기의 타락 이후로 이어진 하나님의 구속사는, 십자가의 피로 마음에 언약을 새긴 자들이 마지막 날 새 하늘과 새 땅에 들어가는 것으로 완성된다.

이 마지막 장면은 교회를 향한 엄숙한 경고와 동시에 크나큰 위로이다. 경고는, 새 언약 없이 교회 활동과 종교적 행위만으로는 결코 구원에 이를 수 없다는 것이다. 위로는, 어린양의 피로 마음을 새롭게 한 자는 아무도 빼앗을 수 없는 영생의 나라에 들어간다는 약속이다.

따라서 오늘의 교회와 성도는 단순히 종말을 기다리는 것이 아니라, 이미 지금 이 자리에서 새 하늘과 새 땅을 살아내야 한다. 마음에 예수 보혈로 이루신 계명을 새기고, 하나님의 임재를 삶 속에 드러내며, 예수의 이름으로 기도와 순종을 이어가는 자가 새 예루살렘의 시민이다.

23장

전체 흐름의 정리

하나님의 에흐예 새 언약 대서사시

성경은 단순한 종교 문서가 아니다. 창세기부터 요한계시록까지 이어지는 모든 기록은 한 방향을 향한다. 하나님이 십자가의 피로 구원을 이루어 주기 위해 사람의 마음에 하나님의 사랑을 새기려는 언약의 이야기이다. 이 언약은 율법으로 시작해 실패를 드러내고, 십자가의 피로 완성되며, 성령의 통치와 마지막 심판으로 귀결된다.

전체 22부의 하나님이 스스로 이루신 "에흐예(Ehyeh) 언약"의 흐름은 다음과 같은 대서사로 정리할 수 있다.

1. 창세기 - 시작과 약속

- 창조와 타락: 하나님은 사랑으로 사람을 창조하셨으나, 인간은 자유의지로 하나님을 떠났다.
- 여자의 후손 언약(창 3:15): 하나님은 죄의 한복판에서 구속의 씨앗을 약속하셨다.
- 노아의 홍수와 바벨탑: 죄악의 심판과 흩어짐 속에서도 하나님은 구속의 길을 남기셨다.
- 아브라함-이삭-야곱-요셉: 믿음의 계보를 따라 하나님의 언약이 이어졌다.
- 유다와 다말 사건: 혈통이 아니라 하나님의 마음을 붙든 자를 통해 여자의 후손 언약이 이어짐이 드러났다.

2. 출애굽~말라기 - 율법과 인간의 실패

- 모세와 율법: 하나님은 이스라엘을 대표 민족으로 삼아 율법을 주셨으나, 그것은 구원의 길이 아니라 죄를 깨닫게 하는 거울이었다.
- 사사와 왕들: 율법으로는 죄성을 억제하지 못했고, 인간의 왕조는 결국 실패로 이어졌다.
- 예언자들: 형식적 신앙과 마음 없는 제사를 책망하며, 새 언약을 예고했다.
- 포로와 귀환: 심판 가운데서도 남은 자를 통해 회복의 약속을 주셨다.
- 침묵기: 400년의 침묵 속에서도 하나님의 구속사는 여전히 흐르고 있었다.

3. 복음서 - 새 언약의 시작

- 예수 그리스도: 여자의 후손으로 오신 예수님은 율법을 완성하고 십자가에서 피를 흘리셨다.
- 새 언약: 그 피는 돌판이 아니라 사람의 마음에 기록되는 언약이었다.
- 십자가와 부활: 인간의 죄를 대신한 죽음, 그리고 부활로 새로운 피조물의 길을 여셨다.

4. 사도행전~서신 - 성령과 교회

- 성령 강림: 오순절에 성령이 임하시며, 교회는 성전이 아닌 사람들의 삶 속에서 시작되었다.
- 사도의 가르침과 서신: 구원은 선언이 아니라, 내 안에 살아계신 그리스도를 따르는 삶임이 선포되었다.
- 교회의 위기: 은혜를 빌미로 육신에 머무는 신앙, 인간 중심 교회의 타락이 이미 시작되었다.

5. 요한계시록 - 마지막 경고와 영원한 소망

- 교회에 보내는 편지: 첫사랑을 버린 교회, 죽은 신앙에 대한 경고.
- 하늘 보좌와 어린양: 역사의 주권자가 하나님과 어린양이심이 드러남.
- 용과 음녀: 세상의 권세와 종교적 타락이 교회를 미혹하지만, 어린양의 피로 이긴다.
- 백마 탄 자의 승리: 마지막 전쟁은 이미 승리하신 그리스도의 권세로 끝난다.
- 새 하늘과 새 땅: 어린양의 생명책에 기록된 자들이 영원히 하나님과 함께한다.

6. 새 언약으로 읽는 성경의 결론

- 성경은 율법과 교훈의 책이 아니라, 살아계신 하나님이 쓰신 새 언약의 대서사(大敍事)이다.
- 창세기에서 계시록까지 관통하는 한 줄기는 마음에 새겨질 언약, 새 언약으로 흐른다.
- 율법은 실패를 기록하고, 그 실패 위에서 하나님의 사랑이 드러난다.
- 십자가의 피는 마음과 생각의 중심이며, 성령은 오늘도 그 언약을 우리의 마음에 새기신다.
- 마지막 심판의 기준은 단 하나, 예수의 피로 마음에 새 언약이 새겨져 있는가이다.

"새 언약 없이 성경은 율법서가 되고, 새 언약 없이 교회는 종교가 된다."

하나님이 우리에게 주신 성경은 단순한 교훈이 아니라, 십자가의 사랑으로 마음에 쓰신 언약이다. 따라서 이 책을 읽는 모든 이가 동일한 물음을 스스로에게 던져야 한다. "나는 새 언약 백성인가? 나의 이름은 어린양의 생명책에 기록되어 있는가?"

24장

하나님은 왜 성경을 대서사(大敍事)로 쓰셔야 했는가

한국에흐예언약학회의 부르심과 사명

성경은 단편적인 교훈집이 아니다. 하나님은 계명을 나열하거나 종교 규범만 주시지 않으셨다. 오히려 창세기부터 요한계시록까지, 수천 년의 역사 속에서 인간의 죄와 실패, 그리고 그 속에서 드러나는 하나님의 사랑과 구속을 한 편의 대서사시로 기록하셨다.

왜 하나님은 이렇게 장대한 이야기를 선택하셨는가? 그것은 율법과 지식만으로는 결코 하나님의 마음을 알 수 없기 때문이다. 사람은 규범을 통해 스스로를 의롭다 여기려 하지만, 실제로는 그 규범 안에서 자신의 죄성과 무능을 확인할 뿐이다. 하나님은 그 실패의 기록을 통하여, 오직 십자가의 사랑과 새 언약만이 사람을 살릴 수 있음을 보여주셨다.

성경을 대서사시로 읽을 때 우리는 깨닫는다.

- 아담의 타락은 단순한 불순종 사건이 아니라, 모든 인류 안에 있는 자기중심성의 표본이다.
- 노아의 방주는 단순한 구원이 아니라, 피 흘림 없이는 생명을 얻을 수 없음을 보여주는 그림자이다.
- 이스라엘의 역사는 한 민족의 흥망사가 아니라, 율법으로는 결코 하나님을 사랑할 수 없는 인간의 한계를 드러내는 증거이다.
- 십자가는 단순한 대속이 아니라, 하나님의 마음을 찢어 우리 마음에 계명을 새기려는 언약의 중심이다.
- 마지막 요한계시록은 공포의 종말이 아니라, 새 언약으로 마음에 인침을 받은 자만이 생명책에 기록된다는 궁극의 선언이다.

따라서 성경을 올바르게 읽는다는 것은, 개별 사건이나 인물을 본받는 데서 멈추지 않는다. 그 모든 장면을 꿰뚫어 흐르는 하나님의 십자가 마음을 읽어야 한다. 이것이 하나님이 성경을 대서사시로 기록하신 이유이다.

여기서 학회의 사명이 드러난다. 교회와 신학이 점점 교훈적 도덕이나 율법적 지식에 머무르는 시대에, 우리는 성경을 하나님의 대서사로 다시 읽고 선포해야 한다. 성경을 통해 드러나는 하나님의 마음, 곧 새 언약의 십자가 계명을 사람들의 마음에 새기도록 돕는 것이 학회의 부르심이다.

학회가 성경을 통찰하는 신학을 연구하는 것은 단순한 학문적 호기심이 아니다. 그것은 하나님이 성경을 대서사시로 기록하신 본래 목적을 이어받아, 오늘의 교회와 세상 속에서 하나님의 마음을 선포하려는 사명적 응답이다.

결국 성경의 대서사시는 과거의 기록이 아니라, 지금도 쓰이고 있는 이야기이다. 마지막 장은 아직 완전히 닫히지 않았다. 각 성도의 삶 속에서, 각 교회의 자리에서, 우리는 하나님의 새 언약을 살아내며 이 서사시를 완성해 가고 있다.

"나는 새 언약 백성인가? 내 마음은 어린양의 피로 새겨져 있는가?"

이 물음 앞에 정직하게 서는 것, 그것이 성경 대서사시가 우리에게 남긴 하나님의 궁극적 요청이며, 학회의 존재 이유이다.

3부

한국에흐예언약학회의 "새언약 삼위일체 신학"

스스로 성취하시는 새 언약, 하나님 언약(에흐예 언약)

'하나님 언약'이라는 친숙한 이름 속에는, 인간의 의지를 배제하고 오직 '하나님의 자존적 권능(Ehyeh)'으로만 성취되는 십자가 마음의 할례와 그로 말미암는 새 언약 구원의 단독성이 담겨 있습니다.

5권

삼위 하나님이 이루신 에흐예 구원 언약

십자가 계명은 마음의 할례를 받고 하나님만을 사랑하라

서문

십자가는 복음이 아니라 계명이다

십자가의 본질로 돌아가야 할 때

오늘날의 교회는 '예수 믿으면 구원받는다'는 말에 익숙하다. 그러나 예수 그리스도의 십자가는 단순히 나를 위한 대속이 아니다. 그분의 피는 하나님께서 "너는 죄를 이기라" 하신 사랑의 명령, 곧 새 언약의 계명이다.

16세기의 종교개혁이 "오직 은혜, 오직 믿음"으로 개혁을 시작했다면, 21세기의 신앙개혁은 "새 언약의 십자가 계명, 마음의 할례"로 그 믿음을 완성해야 한다. 왜냐하면 은혜는 면죄부가 아니라, 순종을 가능케 하는 생명의 힘이기 때문이다.

예수의 피는 단순한 용서의 표가 아니라, 하나님의 법이 인간의 마음에 새겨지는 편지이다. 그 피가 내 마음을 찢고 들어올 때, 비로소 사람은 율법의 종이 아니라 성령의 통치를 받는 하나님의 자녀가 된다.

오늘날의 교회는 복음을 전하지만, 계명을 잃었다. 은혜를 말하지만, 회개는 사라졌다. 십자가를 외치지만, 그 피가 내 마음을 찢지 않는다. 하나님은 다시 묻고 계신다. "너는 나를 위하여 울지 말고, 너희와 너희 자녀를 위하여 울라."

이제 교회는 복음의 안도감에서 깨어나 십자가 계명으로 돌아가야 한다. 그곳에서 우리는 대속의 사랑을 넘어, 하나님이 우리에게 피로 주신 대속의 사랑을, 마음을 찢는 거듭남으로 응답하며 하나님만을 사랑하는 신앙의 길을 걸어야 한다. 십자가는 죄를 덮는 소식이 아니라, 죄를 이기게 하는 명령이다.

하나님은 율법을 돌판에 새기셨지만, 십자가에서는 그 법을 피로 마음에 새기셨다. 예수 그리스도의 보혈은 단지 죄를 씻는 피가 아니라, 사람의 마음을 새롭게 창조하는 언약의 피이다.

예레미야 31장 33절은 이렇게 예언한다. "내 법을 그들의 생각 속에 두고, 그들의 마음에 기록하리라." 이 말씀은 십자가에서 성취되었다. 하나님은 말씀으로만 사랑하지 않으시고, 피로써 사랑을 기록하셨다. 그러므로 진정한 신앙은 '예수를 믿는다'는 말로 끝나지 않는다.

그 피가 내 마음을 찢고, 그곳에 하나님의 법이 새겨질 때 비로소 구원이 완성된다. 그 피가 내 안에 사랑의 법으로 작동할 때, 사람은 죄와 싸워 이기고, 세상을 이기며, 하나님만 사랑하는 자가 된다.

오늘의 교회는 복음으로 가득하지만, 계명의 순종은 점점 사라지고 있다. 은혜 중심의 교회는 사람을 모으지만, 계명 중심의 교회만이 하나님을 모신다. 하나님의 법이 마음에 새겨진 자들이 바로 새 언약의 교회이며, 그들이 세상의 빛이요 하나님의 증인이다. 이제 교회는 복음의 외침을 넘어, 계명의 순종으로 살아내는 믿음을 회복해야 한다.

십자가의 피는 면죄부가 아니라, 하나님의 사랑이 법이 된 증거다. 그 피로 다시 깨어나는 교회, 그것이 새 언약의 교회이다.

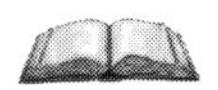

1장

잃어버린 복음, 왜곡된 믿음

복음이 '대속'에 머물 때 일어나는 신앙의 변질

오늘의 교회는 "예수께서 나를 위해 십자가에 달리셨다"라는 고백으로 복음을 요약한다. 그러나 그 복음이 '나를 위한 대속'에만 머무를 때, 신앙은 자기중심적 위안으로 변질된다. 십자가의 사건은 단지 나의 죗값을 대신 치르신 은혜가 아니라, 내 마음의 죄성을 찢어 하나님의 마음을 회복시키는 계명이었다.

복음이 은혜의 보증서로만 전해지면, 회개 없는 구원, 순종 없는 믿음, 거듭남 없는 확신이 자리 잡게 된다. 오늘의 신앙이 감정적 위로와 형식적 예배로 흘러가는 이유가 바로 여기에 있다. 하나님은 단지 우리를 위로하려 십자가를 세우신 것이 아니라, 우리를 새롭게 창조하시려 그 피를 흘리셨다.

'오직 은혜'의 신학이 남긴 한계

16세기의 종교개혁은 '오직 믿음(Sola Fide)', '오직 은혜(Sola Gratia)', '오직 말씀(Sola Scriptura)'으로 인간 행위의 의를 부정하고 하나님의 은혜를 회복시켰다. 그러나 오늘날의 교회는 그 슬로건을 다시 왜곡하여 은혜를 죄의 면책장으로, 믿음을 자기 확신의 도구로 사용하고 있다.

루터와 칼뱅의 신앙은 "율법으로부터의 해방"이었지만, 오늘의 교회는 그 해방을 "순종으로부터의 자유"로 바꾸어 버렸다. 십자가는 율법을 패한 것이 아니라 완성하신 사건이다(마 5:17). 그 완성은 피로 쓴 계명, 곧 마음의 율법(히 10:16)이다. 은혜의 복음은 순종의 계명으로 이어져야 하며, 그 때 비로소 복음은 “값싼 은혜”가 아닌 거룩의 부르심이 된다.

예수의 피, 대속을 넘어 '명령'으로 주어진 사랑

예수의 보혈은 단순히 죄를 씻는 능력의 상징이 아니다. 그 피는 하나님께서 “너는 나만 사랑하라”라는 말씀을 피로 새겨 주신 계명이다. 십자가의 피를 아는 자는 그 피로 자신의 마음을 찢고, 자기의 뜻과 세상의 미혹을 끊어내며, 하나님의 사랑만을 따르는 자가 된다. 이것이 새 언약의 출발점이며, 참된 신앙의 기준이다.

오늘날 수많은 교회가 '예수를 믿으면 천국 간다'고 외치지만, 그 피가 마음의 피로 새겨지지 않은 자는 하나님 앞에서 여전히 옛사람으로 남아 있다. 십자가는 대속의 사건으로 시작하지만, 마음을 찢는 예수의 피로 완성된다. 십자가는 죄로부터 돌아서고 마귀의 미혹을 이기라는 계명인 것이다.

교회의 위기: 믿음은 남았으나, 마음의 할례는 사라졌다

현대 교회는 신학적으로는 '믿음'을 붙잡고 있지만, 실제로는 '마음의 할례' 없는 신앙으로 흘러가고 있다. 지식의 신앙은 넘치지만, 십자가의 마음을 체험한 신앙은 드물다. 말씀을 연구하고, 설교하고, 찬양하지만 그 중심에 “내가 주님을 위해 무엇을 할까”보다 “주님이 나에게 무엇을 해줄까”를 먼저 묻는다. 이것이 오늘의 신앙이 구원을 잃어버린 상태에서 안도감을 누리는 이유다.

예수께서 “좁은 문으로 들어가기를 힘쓰라”(눅 13:24) 하신 말씀은 신앙의 방향이 아니라, 마음의 구조를 바꾸라는 명령이다. 십자가의 피는 좁은 문이다. 그 문을 통과하는 자만이 진리의 성령을 따라 하나님 나라의 백성으로 들어간다.

새 언약적 회복, 복음을 계명으로 다시 읽다

하나님께서 새 언약을 주신 이유는 율법의 외적 행위가 아니라 마음의 변화를 원하셨기 때문이다.

"나의 법을 그들의 속에 두며 그들의 마음에 기록하여" (렘 31:33)

이 예언은 십자가에서 예수의 피로 성취되었다. 따라서 새 언약의 말씀은 단순하게 피동적인 좋은 소식이 아니라 하나님의 마음을 사람 안에 다시 새기는 계명적 언약이다. 그리스도의 피는 구원의 시작이자 순종의 법이며, 성령은 그 법을 마음에 새기는 증인이다. 교회는 이제 십자가의 대속을 '들려주는 곳'이 아니라, 그 십자가의 보혈을 마음에 새기게 하는 공동체로 돌아가야 한다. 말씀을 전하는 설교는 귀로 듣는 감동이 아니라, 마음의 피로 새겨지는 회개가 되어야 한다. 이것이 오늘의 교회가 다시 살아나는 길이다.

복음의 회복은 십자가 계명으로의 회귀다

잃어버린 복음의 본질은 '십자가의 대속'을 넘어 '십자가의 명령'으로 회복될 때 드러난다. 복음은 우리를 자유롭게 하지만, 그 자유는 순종 안에서 완성된다. 은혜는 우리를 살리지만, 그 생명은 죄와 싸우는 사랑 안에서 유지된다.

십자가의 계명으로 돌아가라. 그 피로 마음을 찢고, 하나님만 사랑하라. 그때 비로소 교회는 세상의 빛이 아니라 하나님의 마음의 증인으로 다시 선다.

2장

십자가는 계명이다

마음에 새기는 십자가의 사랑으로 거듭나라는 명령

오늘날 기독교는 십자가를 '구원의 복음'으로만 해석한다.

그러나 성경의 언어로 보면, 십자가는 단순한 구원의 사건이 아니라 하나님의 명령의 완성이다.

예수 그리스도의 십자가는 '율법을 폐하신 것'이 아니라 '율법을 완전케 하신 것'(마 5:17)이며, 그 완성은 '피로 기록된 계명'으로서 인간의 마음에 새겨진다. 십자가의 중심에는 하나님의 사랑이 있다. 그러나 그 사랑은 감정적 위로가 아니라 순종을 요구하는 사랑이다. 예수께서는 "내 원대로 마시옵고 아버지의 원대로 되기를 원하나이다"(눅 22:42) 하시며 사랑이 곧 순종임을 보이셨다. 그러므로 십자가는 하나님의 뜻을 따르라는 명령적 사건이다.

> "그가 아들이시면서도 받으신 고난으로 순종함을 배워서 온전하게 되셨은즉" (히 5:8-9)

십자가는 그리스도의 순종이 절정에 이른 자리이며, 동시에 우리에게 "너희도 이 순종으로 들어오라"라는 하나님의 부르심이다.

하나님의 법이 피로 기록된 이유

하나님께서 구약의 율법을 돌판에 새기셨다면, 신약의 새 언약은 피로 마음판에 새겨졌다. 이는 단순한 상징이 아니라, 구원의 방식 자체의 전환을 의미한다. 구약의 율법은 외적 행위의 규범이었지만, 십자가의 계명은 내면의 마음을 찢는 순종의 법이다. 그래서 하나님은 "나의 법을 그들의 속에 두며 그들의 마음에 기록하여"(렘 31:33) 하셨고, 예수께서는 그 약속을 자신의 피로 성취하셨다.

이 피는 단지 제사의 피가 아니라, 사람의 마음에 새겨진 하나님의 통치의 편지다. 그리스도의 보혈은 죄의 대가를 치르는 값이 아니라, 하나님의 법을 내 마음속에 심는 통로이다.

그래서 히브리서 9장은 말한다.

"피흘림이 없은즉 사함이 없느니라" (히 9:22)

이 구절은 '사면의 조건'을 말하는 것이 아니라, '새 법의 기록 방식'을 선언한 말씀이다.

십자가 계명의 본질, 사랑과 전적 충성

예수께서 "새 계명을 너희에게 주노니 서로 사랑하라"(요 13:34) 하셨을 때, 그 사랑은 단순한 인간적 호의가 아니라 하나님 중심의 사랑의 계명이었다. 그분의 사랑은 자기희생을 넘어 하나님께 전적으로 충성하는 마음의 순결이었다.

"너는 마음을 다하고 뜻을 다하고 힘을 다하여 네 하나님 여호와를 사랑하라" (신 6:5)

이 말씀은 십자가에서 완성되었다. 예수 그리스도께서는 그 계명을 몸으로 지키셨고, 그 피로 우리에게 같은 계명을 새겨주셨다. 따라서 십자가는 단순히 "나를 위해 죽으신 사랑"이 아니라, "너도 나처럼 하나님을 전적으로 사랑하라"라는 하늘의 명령이다.

그리스도의 피를 믿는 자는 그 피로 인해 자신의 뜻을 버리고 하나님의 뜻으로 살아야 한다. 그것이 새 언약 신앙의 표징이며, 구원의 증거다.

십자가는 율법을 넘어선 완전한 법

율법은 '하지 말라'고 금하는 명령이었다. 그러나 십자가의 계명은 '하라'는 적극적 순종의 부르심이다. 율법은 죄를 드러내지만, 십자가는 죄를 이기게 하는 사랑의 능력을 심는다. 율법은 인간의 외적 행위를 묶었지만, 십자가의 법은 마음의 중심을 바꾼다. 이 법이 바로 그리스도의 법(Law of Christ)이다.

"너희가 짐을 서로 지라 그리하여 그리스도의 법을 성취하라"
(갈 6:2)

그리스도의 법은 마음속에서 성령이 주관하는 법이며, 그 중심은 사랑, 순종, 자기 부인의 십자가적 삶이다. 그러므로 십자가는 율법의 완성일 뿐 아니라, 하나님 나라의 새로운 통치 원리이다.

교회를 향한 명령: 은혜의 신앙에서 순종의 신앙으로

오늘의 교회는 여전히 '하나님은 사랑이시다'라는 선언에는 익숙하지만, '그분의 사랑은 우리에게 순종을 요구하신다'라는 진리를 잊었다. 신앙이 점점 더 인간 중심으로 흐르며, '믿으면 된다'는 말 아래 순종 없는 믿음이

난무한다. 그러나 예수께서는 분명히 말씀하셨다.

> "나더러 주여 주여 하는 자마다 다 천국에 들어갈 것이 아니요 다만 하늘에 계신 내 아버지의 뜻대로 행하는 자라야 들어가리라"
> (마 7:21)

교회는 다시 순종의 복음, 계명의 복음으로 돌아가야 한다. 믿음은 은혜로 시작하지만, 계명으로 완성된다. 은혜는 마음의 문을 열지만, 순종은 그 문을 천국으로 인도한다.

십자가, 하나님의 법이 된 사랑

십자가는 단순한 고난의 상징이 아니라, 하나님의 사랑이 법이 된 자리이다. 그 피가 우리의 마음에 새겨질 때, 하나님의 법은 사랑으로, 사랑은 순종으로 나타난다. 그러므로 "십자가 계명으로 돌아가자"라는 말은, 말씀으로 돌아가자는 감정적 외침이 아니라 하나님의 법으로 돌아가자는 신앙의 각성이다. 예수 그리스도의 피가 내 마음에 새겨진다면, 그 피는 단지 나를 구원하는 것이 아니라, 나를 거룩하게, 순종하게, 하나님만 사랑하는 자로 만든다.

십자가는 복음이 아니라 계명이다. 하나님의 복음은 "나만을 사랑하라"라는 명령에서 시작된다. 하나님을 사랑하는 것이 사탄의 미혹을 이기는 길이기 때문이다. 하나님은 몸소 그 육체의 고난으로 우리를 향한 사랑을 증명하셨다. 하나님을 사랑하라는 성경의 첫 계명은 십자가의 계명으로 우리를 향해 응답을 요구하신다. 쉬지 말고 기도하는 신앙으로 "하나님 사랑합니다"라는 그 계명을 지킬 때, 복음은 완성되고, 교회는 다시 거룩을 회복한다.

3장

에흐예(Ehyeh) 보혈의 신학

피는 사랑의 언어이다

피는 생명의 언어이다

성경에서 피는 단순히 가축제물로 죄를 씻는 제사로서의 상징이 아니라, 하나님과 인간의 관계를 이어주는 생명의 언어이다. "피는 곧 생명"(레 17:11)이라는 말씀은 단순한 제사 규례의 명령이 아니라, 하나님께서 인간의 죄와 죽음의 문제를 해결하시는 방법의 계시이다. 하나님은 피를 통해 인간의 죄를 가리고, 동시에 생명을 다시 불어넣으신다.

에덴동산에서 아담이 범죄하였을 때, 성부 하나님은 가죽옷을 지어 입히셨다(창 3:21). 그 옷은 한 생명의 피 위에 세워진 첫 언약의 표징이었다. 그 피는 죄를 덮기 위한 희생의 피였지만, 동시에 하나님이 인간에게 여전히 사랑을 베푸신 피였다. 이 피의 원리가 인류 구속의 첫 언어였다.

구약의 피, 사랑을 준비하는 그림자

구약의 제사 제도는 피의 신학의 예표였다. 이스라엘은 피를 흘림으로 죄 사함을 얻었지만, 그 피는 단지 상징일 뿐 완전한 속죄를 이루지 못했다.

"이는 황소와 염소의 피가 능히 죄를 없이 하지 못함이라" (히 10:4)

율법의 제사는 반복되었고, 그 피는 사람의 마음을 새롭게 하지 못했다. 그러나 하나님은 그 불완전한 제사 속에서 자신의 완전한 사랑을 준비하고 계셨다. 피는 단순히 제물의 피가 아니라, 하나님이 인간에게 다가가는 언어였다. 예언자들은 이 사실을 깨달았다.

다윗은 "하나님께서 구하시는 제사는 상한 심령이라"(시 51:17) 고백하며, 피보다 더 깊은 마음의 제단을 보았다. 이 고백은 피의 제사가 마음의 제사로 바뀌는 구속사의 전환점이었다.

예수의 피, 스스로 지키신 에흐예 언약

예수 그리스도의 십자가에서 흘린 피는 이 모든 피의 예표가 완성된 자리였다. 그 피는 단순히 죗값을 치른 것이 아니라, 하나님의 사랑이 법이 된 사건이었다.

> "하나님이 세상을 이처럼 사랑하사 독생자를 주셨으니" (요 3:16)
> "이것은 죄 사함을 얻게 하려고 많은 사람을 위하여 흘리는 바 나의 피 곧 언약의 피니라" (마 26:28)

여기서 "언약의 피"란 곧 하나님의 사랑이 사람의 마음에 새겨지는 방식이다. 하나님은 말씀으로만 사랑하지 않으시고, 피로써 사랑을 증명하셨다. 하나님은 어떤 사람의 도움도 없이 스스로 그 길을 약속하시고 실행하셨다. 에흐예 언약은 성자 예수의 헌신과 법으로 기록된 사랑이었다. 피는 하나님의 언약 문서에 찍힌 서명이며, 그 사랑은 인간의 마음을 깨뜨려 새롭게 하는 능력이다.

보혈의 능력은 치유보다 거룩이다

오늘날 교회는 "보혈의 능력"을 외치며 병과 귀신, 문제 해결의 능력으로 피를 강조한다. 그러나 성경이 말하는 보혈의 능력은 단순한 기적의 능력이 아니라 거룩의 능력이다. 예수의 피는 우리의 환경을 고치는 피가 아니라, 우리의 마음을 찢는 피이다. 그 피가 내 마음에 기록될 때, 죄는 미워지고, 사랑은 순종으로 변한다. 이것이 새 언약의 능력이다.

히브리서 9장 14절은 말한다.

> "하물며 영원하신 성령으로 말미암아 흠 없는 자기를 하나님께 드린 그리스도의 피가 어찌 너희 양심을 죽은 행실에서 깨끗하게 하고 살아 계신 하나님을 섬기게 하지 못하겠느냐"

그리스도의 피는 인간의 양심을 깨우고, 죽은 행실에서 돌이키게 하며, 살아 계신 하나님을 사랑하고 섬기게 하는 새 언약의 능력이다. 보혈의 능력은 표적의 힘이 아니라, 거룩의 통치이다.

피는 마음의 언어이다: 새 언약의 중심

십자가의 피는 인간의 귀로 듣는 복음이 아니라, 마음으로 새겨지는 하나님의 말씀이다. 그 피는 인간의 내면 깊은 곳에서 죄를 자각하게 하고, 자기를 부인하게 하며, 마침내 하나님의 마음과 하나가 되게 한다. 이 피를 믿는다는 것은 그분의 피를 마음속에 받아들이는 것이다. 다시 말해, 그 피가 나의 마음을 찢고, 나의 중심에 하나님의 법을 기록하도록 허락하는 것이다.

> "인자의 살을 먹지 아니하고 인자의 피를 마시지 아니하면 너희 속에 생명이 없느니라" (요 6:53)

이 말씀은 성례전의 상징을 넘어, 새 언약의 내면적 실재를 가리킨다. 예수의 살과 피를 먹는다는 것은 그분의 사랑과 순종의 법을 마음속에 새긴다는 뜻이다. 그 피는 생명을 주는 동시에, 그 생명으로 우리를 하나님의 계명의 사람으로 빚어낸다.

피는 사랑의 절정이자 심판의 기준이다

하나님의 사랑이 피로 표현되었다면, 그 피는 또한 심판의 기준이 된다. 하나님의 사랑을 받았으면서도 그 피를 마음에 새기지 않은 자는 사랑을 거부한 자로 심판을 받는다.

요한계시록은 어린 양의 피에 생명책에 기록된 자들만이 구원받는다(계 13:8)고 증언한다. 이것은 단순한 이름의 기록이 아니라, 그 피가 마음에 새겨진 자라는 뜻이다. 피는 사랑의 절정이자, 그 사랑을 거절한 자를 심판하는 하나님의 최종 언어이다.

피로 말하는 하나님의 사랑

하나님은 말씀으로 천지를 창조하셨지만, 십자가에서는 피로 말씀하셨다. 그분의 사랑은 언어가 아닌 피의 언어, 감정이 아닌 계명으로 표현된 사랑이었다. 예수의 보혈은 단지 구원의 표가 아니라, 하나님의 마음이 우리 안에 새겨지는 언약의 잉크이다. 그 피가 마음에 새겨진 자는 죄와 싸워 이기며, 하나님만 사랑하게 된다. 이것이 보혈의 신학의 결론이다. 피는 사랑이며, 사랑은 계명이다.

4장

새 언약의 중심

마음에 새겨진 법

“인류 언약” 외적 언약에서, “에흐예 언약” 내적 마음으로

하나님께서는 인류가 지켜가야 하는 언약으로 인류 언약을 주셨다. 구약의 십계명은 모세에게 이스라엘이 지켜야 할 언약으로 “돌판에 기록된 율법”으로 주셨다. 그 율법은 거룩하고 완전했으나(롬 7:12), 인간은 그 법을 지킬 능력이 없었다. 율법은 죄를 드러냈지만, 죄를 이길 힘은 주지 못했다. 그래서 하나님은 새로운 길을 예비하셨다.

“내가 나의 법을 그들의 생각 속에 두며 그들의 마음에 기록하여”
(렘 31:33)

이 선언은 단순한 제도 교체가 아니라, 하나님의 언약의 중심이 외적 규범에서 내적 생명으로 옮겨진 사건이다. 하나님은 이제 더 이상 “행위의 법”이 아닌 “마음의 법”을 세우신다. 이것이 바로 “에흐예 언약”으로 이루시는 새 언약의 핵심이며, 십자가의 목적이다.

예수 그리스도, 마음의 법을 완성하신 중보자

예수 그리스도는 십자가에서 자신의 피로 이 언약을 완성하셨다. 그 피는 단순한 대속의 피가 아니라, 하나님의 법이 사람의 마음에 새겨지는 통로였다.

히브리서 8장은 이 사실을 분명히 증언한다.

> "내 법을 그들의 생각에 두고 그들의 마음에 이것을 기록하리라" (히 8:10)

예수께서는 그 피로 새 언약을 세우셨다(눅 22:20). 그분의 피는 인간의 죄를 덮는 것이 아니라, 죄를 깨닫게 하여 마음을 찢고, 그곳에 하나님의 법을 새기기 위한 피였다. 따라서 십자가는 "용서의 자리"이자 "거룩의 자리"이다. 그리스도의 피로 하나님의 법이 인간 안에 새겨지고, 그때부터 인간은 성령의 통치 아래 새 생명을 산다. 이것이 바로 "그리스도의 법"(Law of Christ)의 시작이다(갈 6:2).

마음의 법과 성령의 통치

마음의 법은 성령 없이는 작동하지 않는다. 율법은 돌판 위에 쓰였지만, 새 언약의 법은 성령이 직접 사람의 심령에 새긴다.

> "이는 그리스도 예수 안에 있는 생명의 성령의 법이 죄와 사망의 법에서 너를 해방하였음이라" (롬 8:2)

성령은 단순한 위로자가 아니라, 하나님의 법을 마음속에서 집행하는 통치자이다. 그분은 인간의 양심을 깨우고, 죄를 책망하며, 하나님의 뜻을 따르게 하는 내면의 주권자이시다. 성령의 통치 아래 사는 사람은 율법의 의를 지키려 애쓰지 않는다. 그 안에 이미 하나님의 법이 생명처럼 작동하기 때문이다. 이것이 '율법의 완성'이자, '마음의 할례'가 실현된 상태이다.

마음의 할례, 새 언약의 법이 시작되는 자리

"인류 언약"으로 이어지는 모세의 율법 아래에서도 하나님은 이미 '에흐예 언약'으로 새 언약을 암시하셨다.

"네 하나님 여호와께서 네 마음과 네 자손의 마음에 할례를 베푸사 너로 마음을 다하며 뜻을 다하여 네 하나님 여호와를 사랑하게 하사" (신 30:6)

이 말씀은 단순한 상징이 아니라, 십자가에서 완성될 하나님의 새 법의 예언이었다. 십자가의 피는 바로 이 "마음의 할례"를 이루는 도구이다. 예수 그리스도의 보혈이 내 마음의 껍질을 찢고 들어올 때, 그 안에 하나님의 법이 새겨진다.

마음의 할례는 인간의 결심이 아니라, 성령이 행하시는 내적 창조 행위이다. 이 할례가 없는 신앙은 외형만의 믿음이며, 그리스도의 피로 법이 새겨진 자만이 하나님 나라의 시민으로 인정된다(롬 2:29).

율법의 완성과 자유의 회복

십자가의 법은 율법을 폐하지 않고 완성한다. 율법은 명령이었지만, 십자가의 법은 사랑으로 이루어지는 자발적 순종이다.

"사랑은 율법의 완성이니라" (롬 13:10)

이 사랑은 감정의 사랑이 아니라, 피로 새겨진 마음의 사랑이다. 그 사랑은 나의 의지로 선택하는 사랑이 아니라, 성령이 내 안에서 이루시는 순종의 사랑이다. 그리스도의 법은 인간을 속박하는 율법이 아니라, 자유하게 하는 법이다. 이 법은 나를 얽매는 규칙이 아니라, 내 마음에서 자라나는 생명의 질서이다. 그 자유는 자기 뜻대로 사는 자유가 아니라, 하나님의 뜻에 순종할 수 있는 자유이다.

새 언약의 교회, 마음의 법으로 세워진 공동체

새 언약 아래의 교회는 교리나 제도에 의해 유지되는 조직이 아니라, 하나님의 법이 마음에 새겨진 자들의 영적 공동체이다. 이 교회는 외적 예배로 평가되지 않는다. 그 중심은 "하나님을 사랑하는 마음"이며, 그 마음이 곧 예배이고, 기도이고, 순종이다.

> "아버지께 참되게 예배하는 자들은 영과 진리로 예배할 때가 오나니 곧 이 때라" (요 4:23)

이 말씀은 예배의 형식이 아닌, 마음의 법이 이루어진 자들의 예배를 뜻한다. 하나님의 법이 마음에 새겨진 교회는 세상의 영향으로 변하지 않는다. 그들은 교리를 넘어, 성령의 인도에 따라 사는 새 언약의 사람들이다.

하나님의 법이 마음에 쓰인 사람

새 언약의 핵심은 한 문장으로 요약된다. "하나님의 법이 마음에 새겨진 사람, 그가 바로 구원받은 사람이다."

십자가의 피는 이 법을 마음에 기록하기 위한 잉크이며, 성령은 그 법을 매일 새롭게 각인하시는 손이시다. 이 법이 새겨진 자는 율법에서 해방되지만, 하나님의 사랑의 법 아래 완전히 복종한다. 이제 하나님은 더 이상 '율법을 지키라'고 명령하지 않으신다. 그 대신 '내 법을 너희 마음에 새기리라'고 약속하셨다. 이것이 십자가 계명의 완성, 곧 하나님의 마음이 우리 안에서 법이 되는 새 언약의 중심이다.

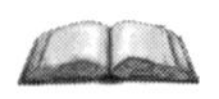

5장

교회의 각성

은혜 중심에서 계명 중심으로

은혜의 복음이 신앙의 면죄부가 되었을 때

오늘날 교회의 가장 큰 문제는 "은혜"의 개념이 변질되었다는 것이다. 하나님의 은혜는 인간을 죄에서 건져내어 거룩하게 하려는 능력인데, 현대의 신앙은 그 은혜를 죄를 덮는 면책장으로 사용한다. "하나님은 사랑이시다"라는 고백이 "하나님은 나를 꾸짖지 않으신다"라는 자기 위안으로 바뀌었고, "예수께서 모든 죄를 대속하셨다"라는 진리가 "회개하지 않아도 된다"라는 구실로 전락했다.

이것이 오늘날 교회가 믿음은 외치지만 변화는 없는 이유이다. 하나님께서 주신 은혜는 면제의 선물이 아니라, 순종의 부르심이다. 그리스도의 십자가는 우리에게 구원의 자유를 주셨지만, 그 자유는 하나님께 속한 법의 순종 속에서 완성된다.

"너희가 자유가 있으나 그 자유로 악을 가리는 데 쓰지 말고 오직 하나님의 종과 같이 하라" (벧전 2:16)

교회는 복음을 전하지만, 계명을 잃었다

오늘의 교회는 '복음을 전한다'고 하지만, 사실상 '십자가의 계명'을 전하지 않는다. 복음은 듣는 자의 마음을 찢어야 하는데, 교회는 마음을 위로하는 말만 전한다. 설교는 도전이 아니라 위안이 되고, 예배는 경건이 아니라 형식이 되었다. 예수의 이름은 외쳐지지만, 그분의 마음은 전해지지 않는다. 예수께서 친히 말씀하셨다.

"너희가 나를 사랑하면 나의 계명을 지키리라" (요 14:15)

교회가 진정 주님을 사랑한다면, 복음을 말하기보다 그분의 계명을 가르쳐야 한다. 십자가는 복음의 끝이 아니라, 순종의 시작이며 계명의 문이다. 복음을 전하고 끝나는 교회는 성장할지 몰라도, 십자가 피의 계명을 가르치지 않는 교회는 구원을 이루어 내지 못한다.

교리 중심 신앙의 한계

종교개혁 이후 교회는 신앙을 체계화하기 위해 교리를 세웠다. 그 노력은 역사적으로 귀했으나, 교리는 언제나 인간의 언어로 된 구조물이다. 오늘의 교회가 교리에 매여 하나님의 말씀보다 교파적 해석을 더 신뢰하게 된 것은 하나님의 법이 마음에 새겨지지 않았기 때문이다.

사람들은 "정통신앙"을 말하지만, 그 정통이 하나님의 마음에서 멀어진다면 그것은 신앙이 아니라 전통이 된다.

"이 백성이 입술로는 나를 공경하되 마음은 내게서 멀도다" (마 15:8)

새 언약의 교회는 하나님의 마음과 진리로 교통하는 교회가 되어야 한다. 하나님의 법이 마음에 새겨진 사람들이 되어야 한다. 율법으로 판단하지 않고 성령의 인도 아래 기도하는 사람이 되어야 한다. 그들은 성령의 통치를 따라 하나님의 뜻을 행하는 자들이다. 그리스도의 할례가 언제나 마음을 베어내고 나의 자아를 부인하고 자기 십자가를 지고 하나님을 사랑하는 기도의 사람이 되어야 한다.

은혜 중심의 복음에서 십자가 계명 중심의 신앙으로

은혜는 구원의 문을 열지만, 십자가 마음의 할례로 이루는 계명은 구원의 길을 완성한다. 교회가 은혜만 말하고 예수의 피를 마음에 두는 길을 잃어버리면, 그 길 안에서 방황하게 된다. 은혜 중심의 교회는 사람을 모으지만, 계명 중심의 교회는 하나님을 모신다. 은혜 중심의 신앙은 "받는 것"에서 머물지만, 계명 중심의 신앙은 "드리는 것"으로 나아간다.

> "너희 몸을 하나님이 기뻐하시는 거룩한 산 제물로 드리라 이는 너희가 드릴 영적 예배니라" (롬 12:1)

십자가의 계명은 인간의 욕망을 이기게 하고, 자기 사랑을 하나님의 사랑으로 바꾸는 새 언약의 길이다. 이 길을 걷는 교회만이 세상의 소금과 빛으로 다시 설 수 있다.

회복의 부르심 - 교회의 재탄생

하나님은 지금 이 시대의 교회를 향해 다시 한번 돌아오라고 부르신다. 돌아가야 할 곳은 종교개혁의 교리나 교회 성장의 전통이 아니라, 십자가의 계명으로 돌아가는 자리이다.

교회가 다시 하나님을 중심으로 세워질 때, 성령은 그 교회 가운데 임하시고, 그들의 기도는 다시 능력을 얻는다. 그때 교회는 세상 속의 조직이 아니라, 하나님의 마음의 증언자가 된다.

> "너희는 세상의 빛이라" (마 5:14)

빛은 지식이 아니라 순종에서 나온다. 십자가 계명의 교회는 세상 속에서 하나님의 마음을 비추는 증거의 공동체가 된다.

교회는 다시 '십자가의 명령' 위에 서야 한다

교회의 회복은 단순한 개혁이 아니다. 그것은 하나님의 마음으로 다시 세워지는 재창조이다. 십자가의 계명은 교회의 기초이며, 그 계명 위에만 하나님의 나라가 세워진다.

교회가 다시 십자가 계명으로 돌아갈 때, 은혜는 값싼 감정이 아니라 거룩한 부르심이 되고, 믿음은 자기 확신이 아니라 하나님을 향한 전적 순종이 된다. 교회는 복음을 말하는 곳이 아니라, 복음을 살아내는 곳이어야 한다.

"하나님, 그 피로 내 마음을 새기소서."

그 피로 세워진 교회만이 참된 새 언약의 교회이며, 그 안에서만 진정한 구원이 완성된다.

6장
새 언약의 신앙, 좁은 길로의 회복

좁은 길, 마음의 피로 새겨진 길

예수께서는 말씀하셨다.

"좁은 문으로 들어가기를 힘쓰라" (눅 13:24)

이 말씀은 단지 '어려운 신앙생활을 감내하라'는 뜻이 아니다. 좁은 문은 마음의 문이다. 그 문은 오직 예수의 피로 찢겨 열린 문이며, 그 피가 새겨진 자만이 통과할 수 있다. 넓은 문은 인간의 생각, 자기 신앙, 세속적 위안이 자리 잡은 문이다. 그 문은 많은 이들을 안도감으로 유혹하지만, 결국 하나님께서 계시지 않는 길이다. 반면 좁은 문은 눈물과 회개, 자기 부인과 기도로 교통하는 순종의 길이다. 그러나 그 길 끝에는 하나님이 기다리고 계신다. 좁은 길은 피로 쓰인 길이며, 그 피는 나를 정죄하는 피가 아니라 하나님의 사랑이 나를 새롭게 하는 언약의 피이다.

새 언약의 신앙, 믿음의 정의를 새로 쓰다

신앙은 단순히 믿는 행위가 아니다. 신앙은 하나님의 마음을 받아들이는 순종이다. 믿음은 '하나님이 계신다'는 지적 동의가 아니라, '하나님이 나를 그분의 법으로 다스리신다'는 내적 체험이다.

"너희는 그 은혜에 의하여 믿음으로 말미암아 구원을 받았으니"
(엡 2:8)

이 말씀은 인간의 자력 구원을 부정하지만, 동시에 믿음이 은혜를 완성하는 책임적 관계임을 밝힌다. 믿음은 하나님께 마음을 여는 문이며, 은혜는 그 문 안으로 들어온 하나님의 법이다.

새 언약의 신앙이란 그 피로 내 마음을 찢고, 그 법으로 내 생각을 새기며, 그 사랑으로 나를 통치받는 신앙이다. 이것이 곧 "마음의 할례로 사는 믿음"이며, 이 믿음이 없는 복음은 넓은 문으로 변질된다.

자기 부인의 신앙, 진정한 제자의 길

예수께서는 제자들에게 말씀하셨다.

"누구든지 나를 따라오려거든 자기를 부인하고 자기 십자가를 지고"
(마 16:24)

이 말씀은 모든 신앙의 중심이다. 자기 부인 없는 신앙은 결국 자기 확신으로 흐른다. 자기 확신의 신앙은 감정의 평안을 줄 수 있지만, 결코 하나님께 순종하게 하지 못한다. 십자가는 나의 의지를 내려놓는 자리다. 그곳에서 내 자아는 죽고, 하나님의 마음이 내 안에 산다. 이 죽음의 통과 없이 부활의 영광은 없다. 새 언약의 신앙은 내가 살아 있는 동안 끊임없이 죽는 신앙이다. 그 죽음이 매일의 기도요, 회개이며, 사랑의 훈련이다.

성령의 길, 계명을 살아내는 능력

성령은 믿는 자에게 단순히 은사를 주시는 분이 아니다. 성령은 십자가의 계명을 실천하게 하는 생명의 능력이시다. 성령 없는 신앙은 지식이 되고, 성령 없는 예배는 형식이 된다.

> "성령을 따라 행하라 그리하면 육체의 욕심을 이루지 아니하리라" (갈 5:16)

성령은 마음속에 새겨진 하나님의 법을 깨우시며, 그 법이 삶으로 나타나게 하신다. 그분은 우리로 하여금 하나님의 뜻을 사랑하게 하고, 죄를 미워하게 하며, 거룩을 사모하게 한다.

성령 안에서 계명은 무거운 짐이 아니라, 내 안에서 자연스럽게 작동하는 생명의 리듬이 된다. 그래서 진정한 순종은 노력의 결과가 아니라, 성령의 통치 아래 사는 존재의 결과이다.

새 언약 신앙의 목표, 하나님만 사랑하는 자

새 언약의 완성은 단 한 가지로 요약된다.

> "너는 마음을 다하고 뜻을 다하고 힘을 다하여 네 하나님 여호와를 사랑하라" (신 6:5)

십자가의 피는 바로 이 사랑의 법을 마음에 새기기 위한 피였다. 그 피가 내 안에 새겨질 때, 세상의 사랑은 미워지고, 하나님 한 분만을 향한 열망이 자란다.

새 언약의 신앙이란 하나님을 사랑하기 위해 자기를 부인하고, 세상을 이기며, 끝내 하나님 마음의 사람으로 서는 길이다. 그 사랑은 감정이 아니라 결단이다. 그 결단은 억지가 아니라 은혜이며, 그 은혜는 순종을 낳는다. 이 사랑 안에서만 구원이 완성된다.

좁은 길의 결실, 마음에 새겨진 하나님 나라

하나님의 나라는 하늘 어딘가가 아니라, 하나님의 법이 마음에 새겨진 자들의 내면에 세워진 나라이다. 그 나라의 백성은 눈에 띄지 않지만, 세상 속에서 빛과 소금으로 존재한다. 그들은 외적인 번영보다 하나님의 마음을 더 귀히 여기고, 세상적 성공보다 하나님의 기쁨을 추구한다.

그들의 삶은 조용하지만, 그들 안에는 하나님의 통치가 이루어진다. 이것이 예수께서 말씀하신 "하나님의 나라는 너희 안에 있느니라"(눅 17:21)라는 말씀의 실제다.

새 언약의 신앙은 바로 이 내적 왕국의 삶이다. 그 피가 내 마음에 계명으로 새겨진 자는 이미 그 안에 하나님 나라를 소유하고 있다.

십자가 계명으로 돌아가라

이제 교회와 성도 모두가 들을 때가 되었다. 하나님은 우리에게 다시 말씀하신다. "돌아오라. 내 피로 네 마음에 나만을 사랑하는 계명을 새기라." 십자가는 복음의 시작이 아니라, 하나님의 명령의 완성이다. 그 피는 면죄부가 아니라, 죄를 이기라는 부르심이다. 이제 우리는 복음으로 위로받는 세대에서, 계명으로 깨어나는 세대로 옮겨야 한다.

십자가 계명으로 돌아가라. 그 피가 너의 마음을 찢고, 그 사랑이 너의 삶을 새롭게 할 것이다. 이 길은 좁고, 고독하고, 세상에 환영받지 않는다. 그러나 그 길은 하나님의 길이다. 그 길 끝에서 우리는 주님을 뵙게 될 것이다. 그분의 상처 난 손에서, 그 피로 새겨진 사랑을 보게 될 것이다.

7장

기도가 바뀌어야 신앙이 바뀐다

성령과 교통하는 새 언약의 기도

기도가 무너진 교회, 신앙이 무너졌다

오늘날 교회는 기도의 양은 많지만, 하나님의 마음을 느끼는 기도는 사라졌다. 기도는 '무엇을 얻는 시간'이 되었고, 성령과 교통하는 '하나님과의 사랑의 시간'은 잊혀갔다.

"구하여도 받지 못함은 정욕으로 쓰려고 잘못 구하기 때문이라"
(약 4:3)

이 말씀은 단순히 욕심의 경고가 아니라, 하나님의 뜻을 묻지 않고 자기 목적을 위한 신앙의 기도를 꾸짖는 것이다. 오늘날의 신앙 위기가 바로 여기에서 시작된다. 기도가 바뀌지 않으면 신앙은 절대 바뀌지 않는다. 기도는 신앙의 방향을 결정하는 나침반이다. 기도가 세속적이면 믿음도 세속적이고, 기도가 하나님의 이름을 부르며 보혈을 새기면 믿음도 거룩해진다.

새 언약의 기도는 "하나님을 사랑합니다"의 고백이다

예수님은 제자들에게 기도를 가르치실 때 단 한마디의 관계를 강조하셨다.

"그러므로 너희는 이렇게 기도하라 하늘에 계신 우리 아버지여"
(마 6:9)

새 언약의 기도는 하나님을 자신의 요구를 나열하며 이용하는 기도가 아니라, 하나님을 사랑하는 자녀의 고백이다. 십자가에서 흘리신 피로 열어진 관계 안에서 “하나님 아버지, 사랑합니다”라고 부를 때, 그 음성은 이미 성령의 교통 안에 들어간다.

기도의 본질은 하나님을 부르는 사랑의 언어이다. 기도가 회개의 울음으로 시작되어 감사의 고백으로 끝날 때, 그 영혼은 이미 하나님의 뜻 안에 거하고 있는 것이다.

기도는 성령과의 교통이다

예수께서 부활 후 제자들에게 말씀하셨다.

> “오직 성령이 너희에게 임하시면 너희가 권능을 받고 … 내 증인이 되리라” (행 1:8)

성령은 단지 능력이 아니라 하나님의 임재와 교통의 영이다. 그분은 우리의 기도를 통해 일하신다.

> “이와 같이 성령도 우리의 연약함을 도우시나니 … 오직 성령이 말할 수 없는 탄식으로 우리를 위하여 친히 간구하시느니라” (롬 8:26)

이것이 새 언약의 기도의 실체다. 우리가 드리는 기도 속에서 성령이 함께 울고, 함께 말하며, 하나님의 뜻을 우리 마음에 새기신다. 기도는 인간의 언어로 하나님께 올라가는 행위이지만, 성령의 교통 안에서는 하나님의 언어가 우리 안으로 내려오는 사건이 된다. 이때 비로소 기도는 말씀과 하나가 되고, 신앙은 머리에서 가슴으로, 가슴에서 삶으로 옮겨진다.

새언약 삼위일체 신학이 말하는 기도의 개혁

새언약 삼위일체 신학은 성부의 뜻, 성자의 피, 성령의 교통이 하나로 연결된 신학이다. 이 삼위의 사역은 언제나 기도 안에서 완성된다.

- 성부의 계획은 기도를 통해 알려지고,
- 성자의 보혈은 기도를 통해 마음에 새겨지고,
- 성령의 임재는 기도를 통해 역사한다.

그러므로 기도는 하나님의 삼위적 사랑이 우리 안에 작동하는 현장이다. 기도가 없는 신앙은 성령 없는 신앙이며, 성령 없는 신앙은 결국 자기 확신으로 변한다.

한국에흐예언약학회는 기도의 개혁이 신앙개혁의 핵심이라고 선언한다. 1.24.1 골방기도운동(하루 24시간 중 1시간의 하나님과의 독대)은 단순한 프로그램이 아니라, 성령의 말씀을 듣는 시간, 하나님의 이름을 사랑으로 부르는 시간이다. 이 운동은 교회에 잃어버린 쉐마(신 6:5)의 명령을 회복시키는 실천이다.

> "너는 마음을 다하고 뜻을 다하고 힘을 다하여 네 하나님 여호와를 사랑하라"

기도가 변할 때 신앙이 변한다

기도의 방향이 "하나님, 나를 도와주세요"에서 "하나님, 나를 새롭게 해주세요"로 바뀔 때, 신앙은 비로소 새 언약의 자리로 들어간다. 기도의 초점이 문제 해결에서 마음의 변화로 이동할 때, 성령은 우리의 생각과 정욕을 다스리시고 하나님의 뜻을 깨닫게 하신다.

"너희 안에서 착한 일을 시작하신 이가 그리스도 예수의 날까지 이루실 줄을 우리는 확신하노라" (빌 1:6)

기도는 인간이 하나님께 말하는 행위가 아니라, 하나님이 우리 안에서 말씀하시는 새 언약의 소통의 통로이다. 그 기도를 회복하는 순간, 교회는 다시 산 교회가 된다.

신앙개혁은 기도개혁이다

십자가의 피로 세워진 새 언약은 성령의 기도로 완성된다. 기도는 복음의 마지막이 아니라, 복음의 심장이다. 하나님은 오늘 우리에게 묻고 계신다. "너희의 기도는 내 마음과 통하고 있느냐?" 이 질문에 '예'라고 답할 수 있는 교회, 그 교회가 바로 새 언약의 교회이다.

학회는 교회의 회복을 이렇게 정의한다.

- 기도가 바뀌어야 신앙이 바뀌고,
- 신앙이 바뀌어야 교회가 산다.
- 기도는 성령과 교통하는 새 언약의 숨결이다.

† 한국에흐예언약학회 선교회 소개

한국에흐예언약학회는 성경 전체를 예수 그리스도의 십자가에서 피로 성취된 새 언약, 곧 출애굽기 3장 14절의 에흐예(Ehyeh, "나는 스스로 있는 자") 하나님의 자존적 언약의 관점에서 연구하는 신학 공동체이다.

본 학회는 기존 새언약학회의 연구 전통을 계승하되, 새 언약을 단순한 교리나 시대 구분이 아니라 하나님 스스로가 마음의 할례를 위해 세우신 언약으로 정립하기 위해 한국에흐예언약학회로 개칭하였다.

한국에흐예언약학회 선교회는 에흐예 언약에 기초한 새언약 삼위일체 신학을 연구·출판하고, 새 언약의 경륜으로 성경을 통찰하는 성경 사역, 그리고 하나님을 사랑으로 부르는 1.24.1 골방 기도 사역을 통해 마음에 새겨진 십자가 새 언약의 신앙 회복을 추구하는 초교단적 신학·영성 사역 선교단체이다.

■ 사역 목표

1. 신학 연구(Theological Research)

에흐예 언약에 기초한 '새언약 삼위일체 신학' 연구와 출판

하나님이 스스로에게 하신 자존적 언약(Ehyeh Covenant)을 성경의 대서사 속에서 조명하며, 성부·성자·성령의 경륜 안에서 성취된 새 언약의 본질을 신학적으로 연구하고 출판한다.

2. 성경 사역(Biblical Formation Ministry)

새 언약의 경륜으로 성경을 다시 읽고, 하나님의 십자가 마음을 마음에 새기는 성경 사역

성경을 단편적인 교리나 사건의 모음으로 읽지 않고, 에흐예 언약에서 시작되어 십자가 새 언약으로 완성되는 하나님의 구속 경륜으로 통찰하게 하며, 성도들의 심령 속에 하나님이 인간을 향해 찢으신 십자가 마음이 실제로 새겨지도록 돕는 성경 사역을 전개한다.

3. 기도 사역 (Prayer Formation Ministry)

하나님을 사랑으로 부르는 삶을 회복하는 '1.24.1 골방 기도 사역'

새 언약의 은혜에 응답하여, 하루 24시간 중 1시간을 골방에서 하나님을 사랑하며 부르는 기도를 통해 마음의 할례와 성령의 통치를 삶 속에서 살아내도록 돕는다.

■ 한국에흐예언약학회 5대 Sola(오직)

1. 오직 십자가 마음(Sola Cor Crucis)
2. 오직 예수의 보혈(Sola Sanguis Jesu)
3. 오직 마음의 할례(Sola Circumcisio Cordis)
4. 오직 기도의 생활(Sola Vita Precationis)
5. 오직 나의 창조주(Sola Creator Meus)

■ 한국에흐예언약학회 5대 신학 기반

1. 하나님의 존재론적 계시 기반(에흐예의 주권)
2. 하나님의 자기 언약(Ehyeh) 기반(단독적 성취)
3. 하나님의 구속사 경륜 기반(역사적 전개)
4. 하나님의 십자가 계명과 마음의 할례 기반(실재적 변화)
5. 하나님의 심판 기준: 기도와 보혈의 실제성 기반(마지막 날의 증거)

■ 초교단적 신학 연구와 선교 운동

한국에흐예언약학회 선교회는 특정 교단이나 교파를 형성하거나 대체하기 위한 단체가 아닙니다. 우리는 모든 교단과 교회 안에서 '마음에 새겨진 새 언약 신앙'의 회복을 돕기 위해 존재합니다.

우리는 교단의 경계를 넘어 성경의 본질을 연구하고 증언하는 초교단적 신학 학파이자 영적 운동체입니다. 믿음이라는 이름으로 가볍게 소비되는 복음을 거부하며, 십자가 앞에서 마음이 찢어지고 그 보혈 앞에서 자신을 돌아본 사람만이 알 수 있는 새 언약의 실체를 가르치고 증언합니다.

오직 하나님의 에흐예(Ehyeh) 언약이 각 사람의 심령 속에 실재가 되는 그날까지, 우리는 신학 연구와 선교의 사명을 다할 것입니다.

에필로그

십자가 계명, 잃어버린 신앙의 본질을 찾아서

오늘, 수많은 그리스도인들의 마음에 '안도감'은 가득하지만, '기도 순종의 결단'은 찾아보기 어렵다. '믿기만 하면 구원받는다'는 복음의 위대한 선언은, 아이러니하게도 순종해야 할 십자가의 무게를 덜어내는 면죄부처럼 변질되어 버렸다.

우리는 예수 그리스도의 십자가를 죄 사함의 '대속적 상징'으로만 기억할 뿐, 하나님이 새 언약의 피로 우리에게 주신 '새 계명'이자 '내 피로 죄를 이기라'는 능동적 명령임을 망각했다.

복음은 죄를 용서하셨다는 기쁜 소식이다. 하지만 그 복음이 우리에게 기대하는 완성은, 죄의 용서에 안주하는 것이 아니라, 용서받은 은혜를 힘입어 죄를 이기며 오직 하나님만을 사랑하는 계명으로 나아가는 것이다.

이 책은 바로 그 잃어버린 '순종의 자리'를 회복하려는 간절한 부르짖음에서 시작되었다. 우리의 신앙의 중심은 '은혜의 감격'에서 '순종의 능력'으로 다시 이동해야 한다. 은혜는 단지 죄를 덮어주는 방패가 아니라, 우리를 죄에서 자유롭게 하고 하나님의 뜻에 기꺼이 복종하게 만드는 '순종의 원동력'이다.

참된 믿음은 지적인 동의나 뜨거운 감정의 체험이 아니라, 예레미야의 예언처럼 "하나님의 법이 내 생각 속에 두며, 내 마음에 기록되는" 내면의 할례이다.

십자가의 피는 단순히 죄를 씻는 '정화의 피'일 뿐 아니라, 하나님의 사랑을 우리의 양심과 중심에 깊이 새겨 우리로 하여금 죄를 미워하고 하나님께만 복종하게 만드는 '언약의 피'이다.

그러나 많은 이들이 "예수님이 다 이루셨다"라는 대속의 말씀 뒤에 숨어 자신의 죄성에 대한 회개의 거듭남을 멈추어 버린다. 이것은 자기 위안에 머무르는 인본주의적 성경 해석일 뿐이다. 성경은 사람의 관점이 아니라, 하나님께서 말씀하시는 신본주의적 관점으로 읽어야 한다. 구원은 사람의 편안한 말로 이루어지는 것이 아니라, 오직 하나님의 말씀 안에서 하나님께서 이루시는 것이다. 하나님은 먼저 십자가에서 피 흘리시는 대속으로 말씀하신다.

"내가 너를 사랑하는 피를 보았느냐?"
"너를 대신해 흘린 피로 너희의 마음이 찢어졌느냐?"

이제 우리는 하나님의 사랑에 응답해야 한다. 쉬지 않고 하나님을 사랑한다는 기도를 드리는, 예수 보혈을 마음에 담은 삶이야말로 구원으로 인도하는 길이다. 이 말씀은 단순한 권면이 아니라, "이제 너도 내가 보여준 그 사랑 안에서 나를 따르라"라는 가장 강력한 초청이다. 복음의 문턱을 넘어 계명의 길로 들어서라는 도전이며, 회개와 순종으로 하나님의 사랑을 깊이 아는 길이다.

히브리서의 선포처럼, 그리스도의 피는 우리의 죄를 씻을 뿐 아니라, 우리의 양심을 깨끗하게 하여 살아 계신 하나님을 섬기는 삶으로 이끌어간다. 보혈의 능력은 기적을 행하는 것보다, 우리의 마음을 근본적으로 거룩하게 만드는 데 있다.

오늘날 교회는 제도적으로는 풍요롭지만, 영적으로는 메마른 역설을 경험하고 있다. 그 고갈의 이유는 단 하나, 하나님의 말씀이 머리에는 넘치되, 성령 안에서 마음에 법으로 새겨지지 않았기 때문이다. 교회의 개혁은 예배 형식의 변화나 조직 개편이 아니라, 바로 이 '마음의 법'의 회복에서 시작된다.

16세기 종교개혁이 "행위에서 은혜로"의 전환이었다면, 21세기의 신앙개혁은 반드시 "은혜에서 마음의 할례"가 회복이어야 한다. 이것이 바로 이 책이 제시하는 십자가 계명인 새언약 삼위일체 신학의 핵심이다.

예수님은 말씀하셨다.

"너희가 나를 사랑하면 나의 계명을 지키리라" (요 14:15)

이것은 십자가에서 피로 새겨진 새 언약의 선언이며, 단순한 윤리적 요구를 넘어선다. 이 책은 당신의 마음을 찢고, 예수님의 피로 새겨진 이 '마음의 법'을 당신의 삶에 적용하도록 돕는 여정의 안내서가 될 것이다.

복음은 죄를 덮어주는 안락한 소식이 아니라, 죄를 이기고 거룩한 삶을 살라는 하나님의 준엄하고도 사랑스러운 부르심이다. 이제 다시 십자가 계명으로 돌아가, 그 피가 우리를 새롭게 하시는 참된 신앙 개혁으로 하나님이 기뻐하는 자녀가 되어야 할 것이다.